Sarah & Nick

Splitterfaserkrass

SARAH & NICK

MEHR WOW FÜR LIEBE UND BEZIEHUNG

SPLITTER FASER KRASS

GOLDEGG VERLAG

Umschlaggestaltung: Kathrin Steigerwald, Hamburg
Umschlag Fotorechte: IsyStudio

Der Verlag und seine Autor:innen sind für Reaktionen, Hinweise oder Meinungen dankbar. Bitte wenden Sie sich diesbezüglich an verlag@goldegg-verlag.com.

Der Goldegg Verlag achtet bei seinen Büchern und Magazinen auf nachhaltiges Produzieren. Goldegg Bücher sind umweltfreundlich produziert und orientieren sich bei Materialien, Herstellungsorten, Arbeitsbedingungen und Produktionsformen an den Bedürfnissen von Gesellschaft und Umwelt.

ISBN: 978-3-99060-303-1

Unter den Linden 21 • D-10117 Berlin
Telefon: +49 800 505 43 76-0

Goldegg Verlag GmbH, Österreich
Mommsengasse 4/2 • A-1040 Wien
Telefon: +43 1 505 43 76-0

E-Mail: office@goldegg-verlag.com
www.goldegg-verlag.com

Layout, Satz und Herstellung: Goldegg Verlag GmbH, Wien
Printed in the EU

Inhaltsverzeichnis

III
We fuckin' love us

IV
Zieh dich aus, wir müssen reden

V
Ich packe meinen Koffer und nehme mit

VI
Diggi, das Klopapier ist alle!

VII
Gänseblümchen im Sonnenschein

VIII
Kernfusion

VORSPIEL

Dies ist ein Buch über die Liebe. Und über Sex. Und über die Liebe zum Sex.

Es ist ein Buch über Beziehung. Für Menschen, die in Beziehung sind oder es waren oder es wieder sein wollen. In exklusiven, in offenen, in langen, in kurzen, in geheimen, in verschiedenen hintereinander oder in mehreren gleichzeitig.

Es ist ein Buch für Menschen, die lieben, die Sex haben, die im Leben stehen und das Leben lieben. Und die ahnen, dass Partnerschaft mehr sein kann als nur miteinander zu existieren. Dass Beziehung besser wird, wenn wir erzählen, mit wem wir auf der Dienstreise geschlafen haben, statt es zu verschweigen. Dass die Liebe größer wird, wenn Menschen den Mut haben, jedes Geheimnis miteinander zu teilen. Jedes.

Es ist ein Buch für alle, die sich fragen, warum wir Beziehung hinter Beziehung reihen, und dabei stets die Menschen verletzen und verlassen, die wir gerade noch so sehr geliebt haben. Nur weil da jemand wartet, mit dem wir dieselben Beziehungsfehler noch einmal machen können.

Es ist ein Buch für alle, die aus Fehlern lernen wollen. Die Verantwortung übernehmen. Die nicht bereit sind, großartige Beziehungen hinzuschmeißen, nur weil eine:r fremdgegangen ist. Oder weil der Sex nicht so kompatibel ist, wie sich das am Anfang anfühlte. Oder weil ihr euch heiß und innig liebt, aber manche Seiten in euch nur andere zum Blühen bringen können.

Es ist ein Buch für alle, die es stresst, dass man Freund:innen nicht zu nahekommen darf, weil man schon vergeben ist. Ein Buch für alle, die Liebesschlösser irritierend finden. Weil Liebe nicht eingesperrt werden muss. Weil ihr euch freiwillig liebt. Weil ihr euch nicht Hals über Kopf verlasst, wenn ihr euch nicht gegenseitig einsperrt. Oder?

Es ist ein Buch für Menschen wie dich!

Wir, Sarah und Nick aus Hamburg, erzählen in diesem Buch nicht nur unsere Geschichte darüber, wie wir beinahe unsere Beziehung gesprengt und dann doch noch die Kurve bekommen haben. Wir erzählen auch, welche wichtigen Veränderungen diese Krise in unserem Leben bewirkt hat und was ihr daraus für eurer Beziehungsleben lernen könnt. Am besten lernt ihr von uns, bevor die Krise bei euch losgeht!

Wir nehmen euch mit in unsere Vergangenheit. Wir erklären euch Begriffe, die euch vielleicht schon begegnet sind, die ihr aber nicht einzuordnen wusstet. Wir vermitteln euch, wie ihr noch besser miteinander kommuniziert, wie ihr die Verbindung zueinander haltet, wie ihr mehrere Beziehungen auf einmal managt, wann die Monogamie genau das Richtige für euch ist und wie – wenn ihr es doch wagen wollt – der Start in eine offene Beziehung ganz konkret gelingen kann. (Auch, wie ihr es eurem Lieblingsmenschen am besten sagt!)

Wenn ihr bereits jetzt wissen wollt, wie monogam ihr tickt und ob ihr dieses Buch überhaupt zu lesen braucht, dann macht unseren exklusiv für dieses Buch entwickelten Onlinetest unter *monogameter.de*. Der Monogameter-Test verspricht auch großen Spaß für eure nächste Party! Oder tiefe Gespräche mit eurem Lieblingsmenschen.

Wenn ihr auch von uns hören wollt: Abonniert unseren Podcast *Beziehungsweise unverblümt* überall da, wo es Podcasts gibt oder unter *www.beziehungsweise-unverblümt.de*.

Die Namen in diesem Buch haben wir uns alle nur ausgedacht. Die Geschichten aber sind echt. Persönlichkeitsschutz, ihr wisst schon. Und wir gendern konsequent, weil es uns wichtig ist, dass jede Person jeder geschlechtlichen Identität gesehen wird und sich ernst genommen fühlt.

Wir wünschen euch eine gute und spannende Lektüre. Vergesst zwischendurch nicht zu essen und zu schlafen. Mit wem auch immer.

Ahoi aus Hamburg!
Sarah & Nick

I
KERNSCHMELZE

ALLES BEGANN MIT DEM SUPERGAU

Ist ein Betrug das Aus für jede Beziehung?

☐ ja ☐ nein ☐ weiß nicht

Entsetzt stand ich in der Umkleide des Hallenbads, starrte auf Sarahs Handy und las die Nachricht mehrmals durch. Sie war gerade in dem Moment auf dem Sperrbildschirm aufgepoppt, als ich meine Schwimmsachen in Sarahs Tasche stecken wollte.

»Hey Sarah! Ich freu mich auf unseren ersten Dreier heute Abend! Meine Freundin ist schon ganz aufgeregt. Und ja, sie weiß über deine Situation Bescheid! Auch, dass Nick ahnungslos ist und dass du öfter fremdgehst. Kein Thema für sie. Freu mich auf nachher! 💋 Peter«

Ich vertraute Sarah voll. Aber seit ein paar Tagen hatte ich ein komisches Gefühl, das ich bisher nicht gekannte hatte. Ich hatte noch nie in Sarahs Handy geguckt – und eigentlich geht sowas auch gar nicht. Aber was ich da nun zufällig las, war zu krass. Hatte mich mein Gefühl am Ende doch nicht getäuscht? Meine Hand zitterte, als ich schließlich das Gerät griff und auf die Nachricht tippte. Sarah hatte keinen Code aktiviert und sie öffnete sich sofort. Absender: Peter. Aber es gab keine Nachricht davor. Who the fuck was Peter? Sarah tut immer so ehrlich, schoss es mir durch den Kopf, aber sie verheimlicht etwas vor mir. Sie betrügt mich! Nach sechs Jahren Beziehung. Kalte Wut stieg in mir hoch.

Ich warf ihr Handy zurück in die Sporttasche. Dass sie jetzt sehen würde, dass ich die Nachricht gelesen hatte, war mir egal. Ich war so in Rage! Gut gelaunt war ich spontan zum Schwimmbad gekommen, wo Sarah bereits fröhlich ihre Bahnen zog. Wir lachten und scherzten und sie sagte, wie sehr sie sich auf den Mädelsabend mit Anna freut. Pustekuchen! Was für eine Lüge!

Ich wollte nur meinen Kram in ihre Tasche stecken. Dass in diesem Moment Peters Nachricht aufleuchtete, war ein Zufall, der mir den schlimmsten Moment meines Lebens bescherte und der unsere Beziehung für immer verändern sollte. Dass diese Veränderung allerdings völlig anders sein würde, als es mir in diesem Moment vor Augen stand, ahnte ich damals noch nicht.

Wutentbrannt packte ich meine Sachen und verließ die Umkleide. Als ich das Becken passierte, hielt ich meinen Blick starr geradeaus. Der vorbeischwimmenden Sarah warf ich nur ein kaltes »Tschau« hin. Aus dem Augenwinkel bemerkte ich, dass ihr Schwimmrhythmus stockte. Sie spürte, dass etwas war. Sollte sie doch!

Irgendwas war los. Dieses beiläufige »Tschau« passte nicht zu Nick. Gerade war er noch fröhlich gewesen – jetzt wirkte er anders. Ich schwamm meine Bahnen zu Ende, schwang mich aus dem Wasser und lies mich auf dem Beckenrand nieder. Ich war allein. Niemand war da, mit dem Nick geredet haben könnte. Eine leise Ahnung kroch meine Brust empor und griff nach meiner Kehle. Hatte er in mein Handy geschaut? Hatte ich alle Nachrichten von Peter gelöscht? Mir wurde heiß und kalt: Oh Gott, Peter hatte wahrscheinlich geantwortet! Und Nick hatte die Nachricht gesehen. Das wäre eine Katastrophe!

Ich sprang auf, lief in die Umkleide zu meiner Tasche, griff mein Handy und tatsächlich: Die Nachricht war gelesen. Peter hatte in ein paar Zeilen perfekt zusammengefasst, was ich Nick verheimlicht hatte. Ich wollte es Nick doch immer wieder erzählen, aber es war nie der richtige Zeitpunkt dafür. Mir wurde schwindlig und schlecht. Mein Herz raste. Wie in Trance zog ich mich an, noch auf dem Weg zum Ausgang rief ich Nick an, der aber nicht dranging. Ein zweiter Versuch. Ein trockenes Hallo klang in mein Ohr.

»Du hast die Nachricht gelesen.«

»Ja.«

»Was soll ich tun?«

»Ist mir egal. Du bist doch verabredet. Geh wohin du willst. Nur nicht hierher. Ich will dich nicht sehen.«

Der Ruf der Freiheit steckt in uns allen

Uns, Sarah und Nick, ist passiert, was unzähligen Beziehungen passiert. Die Versuchung des Neuen, der Reiz des Unbekannten, diese heiße Kollegin oder dieser knackige Typ aus dem Fitnessstudio. Der tröstende Arm in einer schwierigen Situation. Oder einfach nur der Vibe zwischen zwei Menschen. Es gibt tausend Gründe fremdzugehen. Studien zufolge ist der Grund selten Frust in der bestehenden Partnerschaft. Die meisten Fremdgänger:innen lieben ihre:n Partner:in ungebrochen. Aber andere Menschen sind nun mal auch attraktiv und lustig und wir fühlen uns mit ihnen verbunden und wohl in ihrer Gegenwart. Gerade für Menschen, die Nähe und Körperlichkeit mögen, ist es nicht immer leicht, die Grenze zu wahren, an der Freundschaft zu mehr wird.

Die klassische Monogamie stellt an dieser Grenze ein Stoppschild auf. Je nach Paar kann diese Grenze sehr unterschiedlich aussehen. Wenn wir uns zehn Menschen in einer Reihe vorstellen, dann ist (je nach Studie) für acht oder neun davon ihre Partnerschaft nach einer längeren Affäre definitiv am Ende. Nur ein oder zwei könnten sie verzeihen. Wenn der Partner:in einmalig in einem fremden Bett landet – ein Unfall sozusagen –, dann könnten das immerhin noch drei der zehn entschuldigen. Andererseits: Wenn der Lieblingsmensch mit jemandem anderen knutscht, ist das für zwei der zehn gar kein Problem. Vier dagegen würden sich wegen eines Kusses sofort trennen. So unterschiedlich sind wir.

Es geht noch krasser: Sind deine Gedanken beim Sex schon einmal zu einer anderen Person gewandert als der, mit der du gerade im Bett liegst? Vermutlich wirst du tief in dir mit *Ja* antworten – und das ist etwas ganz Normales! Jede:r macht das ab und zu, will man unserer persönlichen, nicht-repräsentativen Studie im Freundes- und Bekanntenkreis trauen. Und doch wäre das Beichten dieser Gedanken für zwei Leute in der obigen Reihe ein Grund, die Beziehung mit dir sofort hinzuschmeißen. Und eine Person könnte es noch nicht mal verzeihen, wenn du als ihr:e Partner:in Blickkontakt mit jemandem anderen aufnimmst.

Monogamie ist eine tückische Sache: Wir sind mit Disneys Märchenprinzen aufgewachsen, wir sehnen uns nach dem einen Menschen, nach der lebenslangen Partnerin und dem perfekten Gatten. Wir wollen alles füreinander sein:

leidenschaftlich, fürsorglich, vertraut, aufregend, aufrichtig und geheimnisvoll. Abenteuer und Heimathafen. Und gleichzeitig spüren wir an allen Ecken und Enden, wie unzulänglich wir darin sind, uns gegenseitig dieses hohe Ideal zu erfüllen.

Dabei begleitet uns die Monogamie schon so lange und war bis vor Kurzem das unangefochtene Ideal in allen Kulturen der Welt. Seit Jahrtausenden. Ja, mancherorts gab und gibt es Polygamie, also die Ehe zwischen einem Mann und mehreren Frauen. Aber kaum andersherum. Und immer geht es dabei um eines: Sicherheit und Kontrolle. Die patriarchal geprägte und besitzfokussierte Menschheit hat seit der Sesshaftwerdung den Sex instrumentalisiert. Land gehörte jetzt jemandem, die Besitzverhältnisse sollten klar bleiben, man konnte aber nicht verhüten. Entsprechend wichtig wurde die Garantie, dass die Frau nur mit einem Mann Sex hatte und nur von ihm Kinder bekam. Geboren war die monogame Ehe! Forscher sind sich einig: Exklusive Sexualität hat ihren Ursprung in der Sicherung von Macht, Besitz und Erbfolge. Und weil die Ehepartner:innen bis vor menschheitsgeschichtlich kurzer Zeit meistens von den Eltern zusammengeführt wurden (die Auswahl erfolgte danach, wer eine gute Partie für die Familie war), musste man echt Glück haben, wenn man sich in den Menschen verliebte, mit dem man Bett und Haus teilen musste.

Heutzutage ist die Zwangsehe in den meisten Ländern abgeschafft, aber immer noch tun sich Menschen zusammen, um zu zweit durchs Leben zu gehen. Heute geschieht das aus weit romantischeren Gründen: Es ist wunderbar, mit seinem Herzensmenschen den Alltag zu meistern, die Zukunft zu gestalten und die Welt zu erobern. Es ist wunderbar, ein gemeinsames Wir zu erschaffen, gemeinsame Gespräche zu führen, gemeinsame Erlebnisse und ein gemeinsames Zuhause zu haben und füreinander zu sorgen. Dass dieser Mensch bei uns bleibt, ist uns natürlich wichtig. Niemand wird gerne verlassen. Die Sehnsucht nach Sicherheit, Zuverlässigkeit und danach, geliebt zu werden, steckt tief in uns allen.

Und doch gehen wir Menschen seit jeher fremd. Wir suchen trotz aller monogamen Schwüre das Fremde, das verlockende Abenteuer auf offener See außerhalb des sicheren Hafens. Und gehen damit das Risiko ein, den Hafen für immer zu zerstören. Der Ruf der Freiheit steckt in uns. Der Reiz des Neuen ist oft stärker als die Vernunft. Doch mal ehrlich: Wer ist schon gerne immer nur vernünftig?

Was wäre, wenn beides ginge? Die Verlässlichkeit gesunder Beziehungen und gleichzeitig die Freiheit, in fremden Armen aufzuwachen? Was, wenn Liebe und Sexualität gar nicht dafür gemacht sind, Macht, Besitz und Erbfolge zu sichern? Was, wenn Liebe freiwillig ist und Liebende sich nicht aneinander ketten müssten, um nicht voneinander fortzuwollen? Und was, wenn Liebe gar nicht nur zwischen zwei, sondern auch zwischen drei oder mehr Menschen möglich wäre? Heilige Scheiße!

Was, wenn Liebe freiwillig ist und Liebende sich nicht aneinander ketten müssten, um nicht voneinander fortzuwollen?

Vertrauen, Treue und Freiheit – das sind ja drei Wünsche auf einmal!

In den letzten Jahrzehnten sägen immer mehr Menschen am Sockel der bisher unumstößlich geglaubten Monogamie. Dabei wollen sie nicht Werte wie Vertrauen und Treue über Bord werfen, sondern sie im Gegenteil mit neuem Leben füllen. Sie wollen megatolle Partner:innen sein, die miteinander Pferde stehlen, und trotzdem megageile Nächte in anderen

Betten verbringen. Sie wollen Freiheit, Verlässlichkeit und Ehrlichkeit neu entdecken. Sie wollen nicht beieinanderbleiben, weil ein Vertrag oder die gegenseitige Erwartung sie dazu verpflichtet. Sondern schlicht, weil sie sich lieben.

Es sind Menschen wie wir, Sarah und Nick. Sie hinterfragen das Monopol der Monogamie und experimentieren mit alternativen Beziehungsformen. Sie haben offene Beziehungen, leben polyamor oder beziehungsanarchisch. Sie lieben mehrere Menschen oder sie lieben nur einen, sind aber intim mit mehreren. Sie machen das nicht, weil ihnen die Monogamie zu anstrengend ist oder weil sie egoistisch sind. Im Gegenteil, die Abwendung von der Exklusivität bringt viel mehr Bedarf an Kommunikation, Reflexion, Kompromissbereitschaft und Beschäftigung mit den eigenen Schatten und Unsicherheiten mit sich als es monogame Beziehungen erfordern. Ganz sicher scheint auch dann nicht das ganze Jahr die Sonne, wenn man mit mehr als einem Menschen vögelt. Und ganz sicher ist eine Öffnung kein Rettungsanker für kriselnde Beziehungen.

Gleichzeitig bergen alternative Beziehungsformen ein riesiges Potenzial an Freiheit, Spaß, Ehrlichkeit, Vertrauen und Wachstum der eigenen Persönlichkeit. Alternative Beziehungen werden meist viel bewusster gelebt als Beziehungen, die sich einfach nur (meist unausgesprochen) an die gesellschaftlichen Mehrheitsnormen halten. Letzteres hatten wir gemacht. Wir lernten uns 2008 mit Anfang 20 kennen und lieben und wären damals nicht auf die Idee gekommen, darüber zu reden, ob wir exklusiv leben wollten. Das war sonnenklar, obwohl wir alles andere als konservativ waren. Wir feierten wilde Partys und tanzten jedes Jahr auf dem Christopher Street Day. Sarah wusste, dass ihr sexuelle Treue eigentlich schwerfiel, das hatte sie in der Vergangenheit oft genug bewiesen. Aber mit Nick würde sie es besser machen, davon war sie fest überzeugt. Dass vielleicht nicht so sehr sie selbst das Problem war, sondern vielmehr die Selbstverständlichkeit, mit der sie die Monogamie für gegeben hielt, obwohl sie ganz andere Sehnsüchte hatte – auf diese Idee kam Sarah nicht. Lernen mussten wir das auf die harte Tour.

Einer der schönsten Aspekte alternativer Beziehungsformen ist: Sie geben Freiheit – sogar die, diese Freiheit gar nicht in Anspruch zu nehmen. Wir sind keine Advokaten gegen die Monogamie. Wir glauben nicht, dass alle Paare ihre Exklusivität aufgeben sollten. Wir halten offene Beziehungen oder gar Polyamorie nicht für die besten Beziehungsformen für alle Menschen.

Denn Monogamie kann ganz zauberhaft sein! Für viele Paare ist es genau die richtige Art und Weise, ihre Partnerschaft zu leben, und sie sollten sich von niemandem davon abbringen lassen. Seit Jahren sind wir mit einem Pärchen um die 40 befreundet, die seit ihrem 15. Lebensjahr zusammen sind, zwei Kinder haben und ganz viele queere Freund:innen haben. Sie sind offen, finden superinteressant, was wir machen, sind aber auch sehr glücklich mit ihrer klassischen heteromonogam-plus-zwei-Kinder-Konstellation. Auch in unserer »Bergedorf-Clique« sind einige langjährige Paare, die glücklich monogam leben und die ein anderes Konzept als die Monogamie nicht glücklich machen würde. Sie werden exklusiv bleiben – und das ist natürlich okay so.

Dennoch sind die meisten Skills, die für die »Alternativen« überlebensnotwendig und deshalb fester Bestandteil ihres Alltags sind, auch für klassische Partnerschaften wichtig, vielleicht sogar lebenswichtig: Ehrlichkeit, achtsame Kommunikation, das konstruktive Gespräch über die Balance von Freiheit und Verbindlichkeit. Vertrauen und wie man es wiederherstellt, wenn es angekratzt ist. Der ehrliche Austausch über Bedürfnisse im Alltag und im Bett. Weiterentwicklung der eigenen Persönlichkeit. Zeitmanagement. Umgang mit Eifersucht und Verlustängsten. Aufarbeitung der eigenen Prägungen.

Genau deshalb haben wir dieses Buch nicht nur für diejenigen geschrieben, die vor den Trümmern ihrer einst glücklichen Beziehung stehen. Und auch nicht nur für die Menschen, die sich für Beziehungsmodelle jenseits der üblichen »seriellen Monogamie« interessieren.

Es ist ein Buch für alle, die gute, ehrliche, vertrauensvolle Partnerschaften auf Augenhöhe führen wollen. Klassisch oder alternativ. Exklusiv oder offen. Hetero-, homo-, ganz-anders- oder gar-nicht-sexuell.

Denn selbst, wer alternative Beziehungsmodelle für verrückt hält und monogam völlig glücklich ist, muss uns »Alternativen« eins lassen: Beziehungen führen – damit haben wir Erfahrung. Und die geben wir in diesem Buch (und alle zwei Wochen in unserem Podcast) gerne weiter.

Ich weiß, es liegt nicht daran, dass du mich nicht liebst

Benommen stand ich vor dem Schwimmbad. Das Tuten, das das Auflegen der Gegenseite signalisierte, schrillte unerträglich in meinem Ohr. Nick will mich nicht sehen. Mein Puls pochte immer noch in meinen Schläfen. Das Date mit Peter sagte ich mit knappen Worten ab, zu mehr hatte ich keine Kraft. Ich fuhr zu Anna, die von meinen Affären wusste und mir seit drei Jahren den Rücken freihielt. Sie war mein Alibi – heute musste sie mein Heulkissen sein. Zusammen überlegten wir verzweifelt, wie es jetzt weitergehen könnte. Die Beziehung zu Nick war vermutlich vorbei. Was für eine Scheiße! Musste ich aus unserer Wohnung ausziehen? Oder hatte er schon längst die Koffer gepackt? Wir hatten doch noch so viele gemeinsame Träume! Alles hatte ich kaputtgemacht! Die Tränen strömten nur so über meine

Wangen und Anna tat ihr Möglichstes, um mich zu trösten. Zwei Stunden lagen wir uns in den Armen. Und dann plingte das Telefon. Es war Nick: »Du kannst jetzt nach Hause kommen.«

Zwanzig Minuten später drehte ich mit zittrigen Fingern den Schlüssel, das Schloss klickte und ich drückte die Tür auf. Ich war mir sicher, dass mein Blick auf gepackte Koffer fallen würde. Doch da standen keine. Ich schloss die Tür hinter mir und ging ins Wohnzimmer, wo Nick wartete. An der Wand, an der normalerweise jede Menge Fotos von uns hingen, herrschte gähnende Leere.

»Ich konnte deine Fresse nicht mehr sehen«, sagte er.

Ich nickte. Endlos standen wir uns gegenüber. Dann sagte er: »Ich will Antworten. Ich will alles wissen.« Wir setzten uns und ich erzählte.

Drei Jahre zuvor war ich das erste Mal fremdgegangen. Peter hatte ich vor zwei Jahren kennengelernt, während Nick zu seiner Meisterausbildung in Berlin war. Es war keine intensive Affäre, ich hatte ihn nur alle paar Monate getroffen. Ich war glücklich mit Nick, aber die Neugierige, die Abenteurerin in mir gewann immer mal wieder die Oberhand. Ich hatte Nick lange davon erzählen wollen, aber ich hatte Angst, ihn zu verlieren. Deswegen habe ich es vor mir hergeschoben – drei Jahre lang. Wie es so viele Menschen machen, die fremdgehen und dabei ein schlechtes Gewissen haben.

Andererseits: Hätte ich es Nick von Anfang an erzählt, hätte ich ihn unter Garantie verloren, dessen sind wir uns heute sicher. Wir waren noch nicht so reflektiert. Nicks verletzter männlicher Stolz hätte vermutlich gesiegt. Vielleicht ahnte ich das und schob die schreckliche Offenbarung deshalb immer wieder vor mir her.

Und das, obwohl ich ein paar Monate zuvor bereits meinen ganzen Mut zusammengenommen und Nick erzählt hatte, dass ich auch Interesse an Frauen habe und mich gerne ausprobieren würde. Ich hatte ihn gefragt, ob ich beim Christopher Street Day in Hamburg mit einer Frau knutschen dürfe. Das war unser erstes Herantasten an offene Beziehungsformen und Nick fand die Idee interessant. Er stimmte zu, und ich setzte es natürlich direkt in die Tat um. Ich hatte mir vorgenommen, nun bald auch den nächsten Schritt zu gehen und ihm meine Affäre zu beichten. Ich wollte ihn nicht anlügen. Peter hatte bereits Erfahrung mit alternativen Beziehungsformen gesammelt und mir Mut gemacht, mich Nick zu offenbaren. Aber bisher hatte ich mich nicht getraut, den entscheidenden Schritt zu setzen.

Jetzt war es gezwungenermaßen so weit. Doch während ich erzählte, merkte ich, wie der Druck von mir abfiel. Ich spürte, dass Nick mich und unsere Beziehung nicht einfach abschrieb. Dass er mich wirklich verstehen wollte, meine Beweggründe, meine Gefühle, meine Sichtweise. Er hörte still zu, fragte nur wenig nach, wirkte aber interessiert. Er hätte auch herumtoben und Gegenstände durch den Raum werfen können. Er wäre nicht der erste Mann gewesen, dessen verletztes Ego das Testosteron in ihm zum Brodeln gebracht hätte. Aber er war fast beängstigend ruhig und schenkte mir seine Aufmerksamkeit, während ich redete.

Als ich geendet hatte, stand er wortlos auf, zog sich seine Jacke an, drehte sich noch einmal zu mir und sagte: »Ich weiß, es liegt nicht daran, dass du mich nicht liebst.« Mit diesen Worten ließ er die Tür ins Schloss fallen.

Er brauchte Zeit für sich.

Wenn eine Bombe platzt, ist es meist nicht so einfach, einen kühlen Kopf zu bewahren. Vielleicht handelt es sich wie bei uns um eine auffliegende Affäre. Oder um einen anders gelagerten Vertrauensbruch. Oder um irgendeine andere Situation, die euch an eure Grenzen bringt. Wie bei der Ersten Hilfe im Fall eines Unfalls ist es klug, sich bereits davor die richtigen Sofortmaßnahmen einzuprägen, damit ihr sie im

Ernstfall parat habt. Für uns waren es die folgenden Punkte. Wir glauben, dass sie auch für euch hilfreich sein könnten.

Sofortmaßnahme 1: Lauft nicht vor dem Schmerz weg!

Wir Menschen haben bestimmte Verhaltensmuster tief in uns verankert. Wenn du als Steinzeitmensch durch die Prärie spazierst und der Säbelzahntiger kommt, dann läufst du weg, stellst dich tot oder greifst ihn an. Nichts davon ist hilfreich, wenn du im 21. Jahrhundert eine Beziehungskrise hast. Auch wenn die Versuchung naheliegt, die Situation totzuschweigen, aus ihr zu fliehen oder in den Angriff überzugehen – gesünder ist der harte Weg: Stellt euch dem Schmerz! Haltet ihn aus. Gemeinsam. Auch wenn das wehtut. Auch wenn ihr die Fresse eures Lieblingsmenschen gerade nicht sehen könnt. Mutet euch einander zu – gerade jetzt! Vielleicht braucht ihr im ersten Moment Zeit für euch, um Luft abzulassen und die Gedanken zu ordnen. Das ist gut und natürlich. Aber rennt nicht voreinander davon, sondern sucht bald wieder die Nähe des Gegenübers. Wenn es nicht anders geht, dann schweigt zusammen. Aber tut es gemeinsam.

Für uns war das in der Krise ein wichtiger Schlüssel. Wenn wir gespürt haben, dass etwas mit dem Gegenüber los war, dann haben wir das angesprochen, ohne sofort eine Antwort oder ein Gespräch zu erwarten. Wir haben signalisiert: Ich fühle mit dir. Oft konnten wir nach langem Schweigen ein tieferes und besseres Gespräch führen, als es ohne Pause möglich gewesen wäre.

Sofortmaßnahme 2: Unterdrückt Gefühle nicht, haut sie aber auch nicht sofort raus!

Ein Erdbeben in einer Beziehung verursacht meist einen Gefühlstsunami – und der ist zerstörerisch. Versucht, eure Gefühle nicht sofort herauszulassen, sondern erst einmal zu parken. Ja, sie sind da, sie haben ihre Berechtigung und dürfen geäußert und durchlebt werden. Aber alles zu seiner Zeit.

Im ersten Moment sind die Gefühlswogen immer stärker, als wenn ein bisschen Zeit vergangen ist. Je nach Situation reichen ein paar Minuten oder ein paar Tage. Merkt euch eure Gefühle, schreibt sie auf und gebt euch die Erlaubnis, sie später rauszulassen. So unterdrückt ihr das Gefühl nicht, sondern parkt es und es bricht nicht mit aller Kraft hervor. Wenn euer Unterbewusstsein weiß, dass das Gefühl noch Zeit und Raum bekommt, dann kann es die Alarmsignale herunterfahren. Auf dem Parkplatz ist es erst mal sicher und kann später abgeholt werden. Dann allerdings sieht die Welt oft schon wieder ganz anders aus. Das Gespräch darüber kann so in einer konstruktiveren Atmosphäre geführt werden.

Sofortmaßnahme 3: Gebt euch die Chance, einander zu verstehen!

Eben hast du diesen Menschen noch geliebt und ihm zutiefst vertraut – und jetzt wirkt er wie ein fieses Arschloch? Moment! Vielleicht reagierst du über. Gebt euch die Chance, euch zu erklären und eure jeweilige Sicht der Dinge darzustellen, Details zu kennen und eure Perspektive zu verstehen. Vielleicht gelingt es, euch in das Gegenüber hineinzuversetzen und dessen Beweggründe nachzuvollziehen. Versucht, in den Neugiermodus zu schalten und alles wissen zu wollen: Gefühle, Motive, Gedanken. Löchert euch mit Fragen. Und gebt Antworten. Nur so könnt ihr verhindern, euch etwas zusammenzureimen, was vielleicht noch viel schmerzhafter ist als die simple Wahrheit, was eure eigene Bereitschaft zur Versöhnung unnötig schmälert.

Auch wenn es sich in einer solchen Situation anders anfühlt: Eure Sicht auf die Welt und die Situation ist immer nur ein Teil der Wahrheit. Euer Gegenüber hat eine andere Perspektive und sie ist nicht weniger wahr als eure. Hättest du vielleicht ähnlich gehandelt? Warum oder warum nicht? Tauscht euch darüber aus.

Sofortmaßnahme 4: Klagt euch nicht gegenseitig an!

Hat euer:e Partner:in Scheiße gebaut, ist es verführerisch, direkt in den Angriff zu gehen und ihm oder ihr euren Frust an den Kopf zu werfen. In der Wut und Enttäuschung ist das für die meisten von uns erst mal das Mittel der Wahl, um die eigene Anspannung abzubauen. Die Opferrolle weist die eigenen Anteile an der Situation weit von sich, bringt eine erste Erklärung für den Schlamassel (unser Gehirn liebt Erklärungen) und lenkt den Fokus nach außen. Das fühlt sich gut an und legt die Hand schützend über die eigene Verletzung.

Mit etwas Abstand betrachtet ist uns allen klar: Schuldzuweisungen führen nicht weit. Jede Situation ist das Ergebnis eines komplexen Zusammenspiels vieler Faktoren, vieler Momente, zahlloser kleiner und großer Entscheidungen von allen Beteiligten. Wenn eure Beziehung an ihre Grenzen kommt, gibt es selten nur Schwarz und Weiß.

Natürlich gibt es manchmal Situationen, in der eine Person etwas ganz grundlegend falsch macht. Ganz offensichtlich ist das bei (nicht einvernehmlicher) Gewalt der Fall – egal ob physisch oder psychisch. Und ja: Es gibt auf jeden Fall Situationen, in denen eine Anklage (auch im juristischen

Sinn) und eine schnelle Flucht zu hilfegebenden Personen oder Einrichtungen nötig ist.

Eine anklagende Haltung verhindert ein lösungsorientiertes Gespräch.

Besteht aber grundsätzlich eine gesunde Beziehung auf Augenhöhe, ist es wenig zielführend, den Pranger im Wohnzimmer (oder gar vor dem Freundeskreis) aufzubauen. Eine anklagende Haltung verhindert ein lösungsorientiertes Gespräch. Wenn ihr euch Situationen ins Gedächtnis ruft, in denen ihr selbst plötzlich Vorwürfen ausgesetzt wart, dann werdet ihr euch erinnern: Das hat keine konstruktive Haltung in euch gefördert. Selbst wenn ihr euch ertappt fühlt und ganz genau wisst, dass die Vorwürfe zutreffen, geht ihr vermutlich sogar bei der Erinnerung daran wieder innerlich in eine Abwehrhaltung und versucht, euch zu rechtfertigen. Nicht das Gesicht zu verlieren, ist eines der wichtigsten Leitmotive menschlichen Handelns. Wenn wir das in Extremsituationen im Hinterkopf behalten, ist schon viel gewonnen.

Statt anzuklagen, gibt es einen Weg, der die Energie aus dem Vulkan nimmt. Nämlich die sachliche und aufrichtig am Gegenüber interessierte Frage: Was hat dich dazu bewogen, so zu handeln?

Hören wir diese Frage, so können wir uns dem Gegenüber erklären, ohne zu schnell in die Rechtfertigungsfalle zu geraten. Wenn wir diese Frage selbst stellen, dann haben wir die Chance, einen Blick hinter die Kulissen und auf die Beweggründe unserer Partner:innen zu werfen. Und dort warten häufig große Überraschungen.

Sofortmaßnahme 5: Lasst nicht euren verletzten Stolz regieren!

Wenn uns jemand betrügt oder anderweitig enttäuscht, fühlen wir uns schnell in unserem Stolz verletzt. Wir fühlen uns zurückgesetzt, verhöhnt und manchmal wie die letzten Deppen. Wir gehen dann in eine Trotzhaltung, je nach Typ wollen wir am liebsten Dinge sagen, die alles zerstören, oder wollen das Gegenüber schmoren und leiden lassen. Die Diskussionen, die sich in unserem Geist abspielen, können ganz schön hitzig werden. Wir fühlen uns missverstanden, und natürlich fallen in unserer Vorstellung Sätze aus dem Mund unserer Partner:innen, die uns noch mehr in Rage bringen.

Männer wie Frauen sind gleichermaßen anfällig für diese Muster, bei männlich gelesenen Menschen sind sie aber zusätzlich gesellschaftlich tief verankert. Männer »dürfen« in ihrem Stolz verletzt sein, es wird fast von ihnen erwartet, ihre Ehre auf irgendeine Weise wiederherzustellen, sollte sie angekratzt worden sein. Notfalls durch Rache. Auge um Auge, Zahn um Zahn. Seit Jahrtausenden steckt uns diese toxische Männlichkeit in den Knochen.

Gesund ist das nicht. Vermutlich lehnen wir uns nicht zu weit aus dem Fenster, wenn wir vermuten, dass alle Kriege dieser Welt auf verletzter Männlichkeit beruhen. Auf Jungs, die so wenig Selbstbewusstsein haben, dass sie glauben, ihre Ehre könnte leiden, weil jemand sich anders verhält, als sie es sich wünschen. Sie glauben, dass es ihrer unwürdig ist, aufs Rechthaben zu verzichten, eigene Ansprüche zu relativieren oder anderen den Vortritt zu lassen. Dabei ist genau das Gegenteil der Fall: Nur wer stark ist, kann andere glänzen sehen, ohne sich selbst wertlos zu fühlen. Wer Ehre hat, kann zurückstecken, sich entschuldigen und dafür

Nur wer stark ist, kann andere glänzen sehen, ohne sich selbst wertlos zu fühlen.

sorgen, dass den Bedürfnissen des Gegenübers Rechnung getragen wird. Und kann auch voll Stolz zu seinen eigenen Bedürfnissen stehen, sie aussprechen und im Einvernehmen mit anderen herausfinden, wie sie sich erfüllen lassen.

Wir bekommen immer wieder Zuschriften von Frauen über dieses Phänomen und begegnen auch in der Beratung immer wieder Frauen, die von Fragen wie »Reiche ich dir denn nicht aus?« berichten, wenn sie die Möglichkeit einer Öffnung der Beziehung ansprechen. Oder deren Partner (sic!) sich durchaus vorstellen könnten, mit anderen Frauen zu schlafen, das aber bei der eigenen Partnerin nicht tolerieren würden. Verletzter Männerstolz treibt oft die kuriosesten Blüten.

Weiblich geprägte Menschen sind ebenso wenig davor gefeit, in diese Muster zu fallen. Die gelernte gesellschaftliche Konvention gestattet ihnen allerdings kaum, verletzten Stolz offen zu zeigen und für sich selbst offen und klar einzustehen. Ganz nach dem tief verankerten Muster von Ritter und Prinzessin flüchten sich viele in Intrigen und Sticheleien. Versteht uns nicht falsch: Dieses Verhaltensmuster liegt nicht am zweiten X-Chromosom. Es ist vielmehr Folge der kulturellen Prägungen über Jahrtausende, wie sich eine Frau typischerweise zu verhalten hat. Frauen sind deshalb viel häufiger versucht, nach außen hin (und vielleicht auch sich selbst gegenüber) das verletzte Reh zu sein, das fast wehrlose Opfer von Umständen oder bösen Menschen. Zum Glück ändert sich das gerade. Immer mehr Frauen haben den Mut, für sich selbst einzustehen und sich nicht über die Opferrolle zu definieren. Denn Frauen sind keine Opfer, sie haben ihr Schicksal und ihre Gefühle genauso im Griff oder eben nicht im Griff wie Männer. Auch Frauen können sich dafür entscheiden, mit stolzgeschwellter Brust zu den eigenen Bedürfnissen zu stehen, sie auszusprechen und im Einvernehmen mit anderen herauszufinden, wie sie sich erfüllen lassen.

Wer so denkt, egal ob Mann, Frau oder mit einer ganz anderen geschlechtlichen Identität, wird – frei von den gesellschaftlichen Erwartungen – auch in einer emotionalen Ausnahmesituation fähig sein, konstruktiv zu handeln, das Gegenüber ernst zu nehmen und sich von den Mustern zu lösen, die nach Beleidigtsein und Rache schreien.

Sofortmaßnahme 6: Findet euren heißen Draht zueinander!

All das durchzieht ein roter Faden: reden, reden, reden. Es geht nichts über das gemeinsame Gespräch. Auch wenn das im ersten Moment unmöglich anmutet. Dass wir uns in unserer schwierigen Situation alles erzählt haben und alles voneinander wissen wollten, legte eine erste, noch wackelige Vertrauensgrundlage, die aber für die nächsten Schritte ausreichte. Für manche Menschen geht so etwas am besten am Küchentisch, für manche auf dem Sofa, beim Spazierengehen, beim Sport oder im Bett. Manche brauchen körperlichen Abstand zueinander, manchen Paaren tut es gut, gerade in der Enttäuschung die vertraute nackte Haut zu fühlen und sich ganz eng gehalten zu wissen.

Probiert aus, was für euch funktioniert. Erinnert euch an die Kommunikationswege, die für euch schon immer gut funktioniert haben. Wir zum Beispiel haben uns seit Beginn unserer Beziehung jedes Jahr zum Jahrestag gegenseitig einen Brief geschrieben, in dem wir das Jahr Revue passieren ließen und einen Ausblick auf die kommende Zeit eröffneten. Dieses kleine Ritual wurde in der Krise zu unserem seidenen Kommunikationsfaden. Wir kauften ein Buch, stellten es in die Diele und schrieben uns darin abwechselnd handschriftliche Briefe. Das half uns, unsere Gedanken geordnet und trotzdem persönlich zu transportieren.

Wie habt ihr in der Vergangenheit miteinander gut kommuniziert? Wir meinen nicht die Alltagskommunikation, nicht die Absprachen via WhatsApp, wie viele Eier noch für den Kuchen fehlen. Sondern die besonderen Gelegenheiten. Wie habt ihr euch kleine oder große Nachrichten der Liebe geschickt? Wie habt ihr euch in Zeiten räumlicher Trennung über eure Gefühle auf dem Laufenden gehalten? Habt ihr euch Botschaften mit Lippenstift auf den Spiegel geschrieben oder habt ihr Briefchen verfasst, die ihr in den Postkasten eingeworfen habt? Werdet kreativ und findet euren heißen Draht (wieder)!

Sofortmaßnahme 7: Erlaubt euch, die Wahrheit zu sagen!

Der reine Tisch gehört zum festen Inventar jeder guten Beziehung. Zumindest sollte er das. Reinen Tisch zu machen, also wirklich alles sagen zu dürfen, ohne für diese Ehrlichkeit verurteilt zu werden, ist eine der wichtigsten Voraussetzungen für eine ehrliche Kommunikation auf Augenhöhe. Denn dass wir etwas vermasseln, ist menschlich.

Erlaubt euch, einander alles zu erzählen. Erlaubt euch, reinen Tisch zu machen und die ganze Wahrheit zu sagen. Schaut euch in die Augen und versprecht euch, einander immer die Wahrheit sagen zu dürfen und einander nicht dafür zu bestrafen, dass ihr es tut. Vertrauen schafft ihr durch die Sicherheit, weich zu fallen und die Erfahrung, dass das auch zutrifft. Wenn ihr euch erst mal dazu überwunden habt, der Wahrheit Raum zu geben, werdet ihr merken: Die Wahrheit fühlt sich immer besser an als die Angst vor der Wahrheit.

Die Wahrheit fühlt sich immer besser an als die Angst vor der Wahrheit.

Sofortmaßnahme 8: Schaut euch in die Augen – und lächelt!

Das klingt verrückt, oder? Ich soll einer Person in die Augen sehen und sie anlächeln, die mich maßlos enttäuscht hat? Ja, das klingt tatsächlich verrückt! Und dennoch wissen wir aus der Psychologie, dass nicht nur Gefühle Einfluss auf unsere Körperhaltung und Mimik haben, sondern wir durch Mimik und Körperhaltung auch das entsprechende Gefühl in uns erzeugen können. Laufen wir mit gesenktem Kopf durch die Welt, fühlen wir uns schnell bedrückt und unwohl. Heben wir den Kopf, strecken die Brust heraus und stehen mit beiden Beinen am Boden, fühlen wir uns stärker und kompetenter. Lächeln wir morgens 30 Sekunden vor dem Spiegel, so hebt sich unsere Stimmung spürbar. Selbst, wenn uns vorher noch gar nicht nach Lächeln zumute war, besteht die große Chance, dass wir anschließend fröhlich aus dem Haus gehen. Fake it till you make it.

Probiert es aus: Stellt euch einander gegenüber, schaut euch in die Augen und lächelt, obwohl ihr euch lieber anschreien würdet. Spürt, was das mit euch macht. Anschreien könnt ihr euch danach immer noch. Dass ihr das dann noch wollt, können wir allerdings nicht garantieren.

II
BEGRIFFLICHKEITEN
WORÜBER REDEN WIR EIGENTLICH?

Polyamorie, Polygamie, ... ist das nicht alles dasselbe?

☐ ja ☐ nein ☐ weiß nicht

Bevor wir richtig einsteigen, wollen wir klären, worüber wir hier eigentlich reden. Die Begrifflichkeit rund um Beziehungen und sexuelle Orientierung und Identität sind vielfältig und nicht immer leicht zu verstehen. Sie unterliegen außerdem einem stetigen Wandel, sodass manches immer nur eine Momentaufnahme sein kann.

Um das Dickicht ein wenig zu lichten und damit klar ist, was wir meinen, wenn wir bestimmte Begriffe verwenden, beschreiben wir kurz, knapp, exemplarisch und lexikonartig, was wir unter welchen Begriffen verstehen. Dabei haben wir keinen Anspruch auf Vollständigkeit und Trennschärfe zwischen den Begrifflichkeiten.

Allein, wenn wir in Kapitel III das Spektrum alternativer Beziehungsformen darstellen, werdet ihr merken, dass es viel mehr gibt als offene Beziehungen. Es gibt viele Konzepte und Varianten und ebenso viele Begriffe.

Oft ist es nicht leicht, eine Beziehungsform in eine Schublade zu stecken, denn menschliche Beziehungen sind so vielfältig und individuell, dass sie sich oft geradezu dagegen wehren, definierbar zu sein. Am einfachsten ist es noch bei der Monogamie, denn die ist klar umrissen: zwei Personen, romantisch und sexuell exklusiv. Wobei man auch da leicht hinterfragen könnte, was exklusiv denn heißt. Für manche steht die Exklusivität schon infrage, wenn sich das Gegenüber blendend mit jemandem versteht. Für andere ist Knutschen in Ordnung. Und Swinger zum Beispiel haben Sex mit anderen – und leben trotzdem monogam.

Aber so ins Detail wollen wir gar nicht gehen. Wir versuchen, die groben Linien und wichtigen Begriffe zu definieren. Im Quellenverzeichnis findet ihr Links zu ausführlicheren Lexika.

Fangen wir mit dem Offensichtlichsten an:

Alternative Beziehungsformen

Alternative Beziehungsformen ist der Oberbegriff für alle nicht monogamen Beziehungsformen wie *Freundschaft+*, *offene Beziehung*, *Polyamorie* oder *Beziehungsanarchie.* Menschen in alternativen Beziehungsformen sind offen dafür, mehr als eine Person gleichzeitig zu lieben und/oder mit mehr als einer Person körperlich intim zu werden.

Ankerbeziehung

Eine *Ankerbeziehung* führen zwei Menschen, die sich eindeutig als Paar bezeichnen und klassische Kriterien einer

Partnerschaft erfüllen (zum Beispiel zusammenwohnen oder gemeinsame Zukunft planen). Jede monogame Beziehung ist per se eine Ankerbeziehung. Im alternativen Kontext dürfen sich aus einer Ankerbeziehung heraus weitere Beziehungen mit anderen Personen entwickeln. Entweder bleiben die beiden dabei der einzige Anker mit den Beziehungskriterien, oder es ist möglich, weitere »Anker zu werfen«. Das heißt, dass zusätzliche Ankerbeziehungen denkbar sind und diese Personen so weit integriert werden, dass auch hier Kriterien einer Ankerbeziehung erfüllt werden. In diesem Modell kennen sich zwingend alle Anker untereinander.

Wir beide verwenden diesen Begriff gerne für unsere eigene Beziehung.

Beziehungsanarchie

Beziehungsanarchie ist ein Konzept, bei dem jede Beziehung – egal ob romantisch, sexuell oder platonisch – als individuell und nicht einer Kategorie zugehörig verstanden wird. Weil jede Beziehung für sich betrachtet wird, kann sich eine Beziehung in ihrem Charakter völlig verändern, ohne dass das die anderen Beziehungen tangiert werden oder etwas mit den anderen Beziehungspersonen abgesprochen werden muss.

Beziehungsanarchie heißt nicht Beliebigkeit und Unzuverlässigkeit. Vielmehr ist es wegen der fehlenden Labels umso wichtiger, Rahmen und Miteinander innerhalb der einzelnen Beziehungen verlässlich zu klären. Dabei kann zwar als Rahmen auch festgelegt werden, dass es keinerlei Festlegung gibt. Aber Beziehungsanarchie geht generell immer mit einer klaren Verantwortung für die eigenen und gegenseitigen Emotionen und die getroffenen Vereinbarungen einher.

Compersion

Compersion beschreibt einen Zustand der Freude über das Wohlergehen einer geliebten Person. Im Kontext *alternati-*

ver Beziehungsformen meint es die aufrichtige Mitfreude, wenn die eigene Beziehungsperson voll des Glücks über ihre Beziehung zu einer dritten Person ist. Manchmal wird sie als Gegenstück zur Eifersucht genannt.

Compersion ist mega! Wenn wir uns miteinander an gutem Sex oder einem anderen guten Erlebnis des Gegenübers freuen, dann bringt uns das beide noch enger zusammen.

Egalitäre Polyamorie

In der *egalitären Polyamorie* gibt es im Gegensatz zur *hierarchischen Polyamorie* keine Abstufungen in der Wertigkeit der einzelnen Beziehungen, also keine Haupt- und Nebenbeziehungen. Alle Beziehungen einer Person sind zueinander gleichwertig und tragen gleichermaßen Verantwortung für das Wohlergehen des ganzen *Polyküls*. Häufig mischen sich aber auch die Formen, sodass zwischen drei Personen ein egalitäres Verhältnis besteht, die Einzelnen aber noch weitere Nebenbeziehungen haben können.

Das ist genau unsere Haltung und unser Modell. Gleichzeitig stoßen wir immer wieder an Grenzen, weil neu hinzukommende Menschen unsere enge, 14 Jahre währende, krisenerprobte Beziehung spüren und deshalb häufig flüchten, bevor sie die egalitäre Polygamie überhaupt mit uns ausprobieren konnten. Unsere Geschichte, unser Trauschein und selbst unsere gemeinsame Eigentumswohnung machen in den Augen vieler eine Gleichwertigkeit anderer Beziehungen unmöglich. Das war anfangs ein Thema für Leemchen – das ist eine sehr wichtige Person für Nick. Es kann lange brauchen, bis jemand spüren und wirklich glauben kann, dass selbst mit einem so krassen Paar wie uns Augenhöhe und Gleichwertigkeit weiterer Beziehungen im *Polykül* möglich ist. Und auch wir müssen laufend daran arbeiten, dass wir dem nichts in den Weg stellen.

Freundschaft+
Freundschaft+ bezeichnet eine freundschaftliche Beziehung zwischen zwei Menschen, bei der es auch zu Sex kommen kann. Der Aspekt der Freundschaft steht allerdings im Vordergrund oder ist mindestens genauso wichtig wie die sexuellen Begegnungen.

Hierarchische Polyamorie
Hierarchische Polyamorie geht im Gegensatz zur *egalitären Polyamorie* davon aus, dass es zwischen den Beziehungen eine Hierarchie gibt: Meist gibt es eine Hauptbeziehung (selten mehrere) und eine oder mehrere ihr untergeordnete Nebenbeziehungen. Im Mittelpunkt steht also meistens eine Zweierbeziehung.
Die Hauptbeziehung wird auch oft als *Primärbeziehung* bezeichnet, die Nebenbeziehungen als Sekundärbeziehung.

Die Hauptbeziehungspartner:innen haben meist Vorrang bei Entscheidungen, Absprachen und in der Zeitplanung. Meistens teilen sich die Primärpartner:innen auch einen Haushalt und die Finanzen, oft sind sie verheiratet.

Kometenbeziehung
Einige »Polys« verwenden den Begriff *Kometenbeziehung*, wenn zwischen mehreren Menschen Verbindungen (Beziehungen) entstehen, die zu einem Geflecht zusammenwachsen, das mit der Zeit immer größer wird.

Metamour
Metamours sind die Partner:innen der eigenen Partner:innen. Zum Beispiel ist Nick mit Sarah verheiratet und mit Leemchen in einer Beziehung. Dann sind Sarah und Leemchen die Metamours füreinander.

Monogamie
Monogamie beschreibt den weltweit vorherrschenden Lebensstil, mit einer einzigen Person romantisch und sexuell verbunden zu sein. Nur mit dieser einen Person werden romantische Gefühle und sexuelle Praktiken geteilt. Ins vielen Kulturen gilt es als Ideal, dass die Verbindung mit dieser Person das ganze Leben hält, man entsprechend auch das ganze Leben nur mit dieser Person Sexualität lebt.

New Relationship Energy (NRE)
New Relationship Energy (Energie einer neuen Beziehung) entsteht, wenn wir uns verlieben. Die Hormone schießen hoch, wir haben gute Laune und viel Energie, schwere Dinge fallen plötzlich ganz leicht. Im Kontext alternativer Beziehungen belebt diese Energie oft auch bestehende Beziehungen, was wiederum das Mitfreuen der bestehenden Beziehungspartner:in erleichtert (siehe *Compersion*).

Wenn bei uns eine Kinky-Party ansteht, aber eine:r von uns sich nicht gut fühlt, dann ist bei uns selten das Gefühl von »Oh, bleib doch bitte auch zu Hause.« Viel häufiger ist es ein »Geh wenigstens du und hab Spaß und bring die guten Vibes und Erzählungen mit, damit ich mich mitfreuen kann.«

Diese neue Energie der Verliebtheit kann aber auch genauso schnell wieder abflachen, wie wir es aus jeder monogamen Zweierbeziehung kennen. Die Möglichkeit für Herausforderungen und Konflikte im Alltag potenziert sich dann mit jeder weiteren Person in einem *Polykül.*

Offene Beziehung
Eine *offene Beziehung* wird gelebt, wenn ein Paar offen ist für sexuelle Beziehungen der beiden Partner:innen zu Menschen außerhalb der Beziehung. Gefühle zu anderen Menschen sind dabei meist nicht erwünscht. Manchmal sind romantische Gefühle erlaubt, aber keine weitere Beziehung zu einem Menschen.

Primärbeziehung

Die *Primärbeziehung* ist die Hauptbeziehung in der *hierarchischen Polyamorie*. Eigentlich ist sie immer auch eine *Ankerbeziehung*. Häufig teilen Primärpartner Haushalt und Finanzen und sind nicht selten verheiratet.

Polyamorie

Polyamorie ist ein Kunstwort aus altgriechisch »polýs« (»viel, mehrere«), und lateinisch »amor« (»Liebe«). Sie ist das Gegenteil der *Monogamie*, bedeutet also, mehrere Personen zu lieben und zu jeder eine Liebesbeziehung zu pflegen, wobei das allen Beteiligten bekannt ist und alle damit einverstanden sind. Polyamore Beziehungen sind meist langfristig angelegt und beschränken sich nicht auf die Sexualität, sondern beinhalten auch romantische Gefühle. Manche polyamore Beziehungen entwickeln sich zu festen, manchmal lebenslangen Partnerschaften.

Polyfamilie

Innerhalb eines *Polyküls* können sich einige Personen besonders nahestehen, sie teilen viel Zeit miteinander und haben eine besondere emotionale Nähe, sind aber nicht alle miteinander in einer romantischen Beziehung. Sie bezeichnen sich dann häufig als Polyfamilie.
Wir bilden zum Beispiel mit IKEA-Anna und IKEA-Peter unsere Polyfamilie.

Polygamie

Eine Person, die mehrere Ehen oder eheähnliche Verbindungen führt. Meist ist *Polygamie* in patriarchal geprägten Kulturen möglich und nicht selten mit Zwangsverheiratung verbunden. In Deutschland ist sie verboten.

Polykül

Der Begriff *Polykül* ist abgeleitet von Molekül, also dem Zusammenschluss mehrerer Atome. Er steht für ein Cluster von Menschen in einem alternativen Beziehungsgeflecht. Oft kennen sich alle Beteiligten untereinander, das ist aber nicht zwingend notwendig. Die Mitglieder des Polyküls haben unterschiedliche Verbindungen zueinander, die nicht in jedem Fall romantisch oder sexuell sein müssen, sondern auch nur freundschaftlich sein können.

Wir selbst nennen alle Menschen, die zu unseren Polymenschen gehören, unser Polykül. Mit einigen hat nur Sarah Sex und/oder teilt Gefühle, Nick tut das wiederum mit anderen aus dem Polykül. Mit einigen teilen wir gemeinsame Gefühle.

Quadrupel

Quadrupel ist ein Kunstwort aus »quadro« (»vier«) und »couple« (»Paar«). Ein Quadrupel ist gegeben, wenn vier Personen eine gleichberechtigte polyamore Beziehung eingehen. Quadrupel können exklusiv oder offen für weitere Personen sein. Manche Quadrupel sind als Partnerschaft exklusiv, erlauben aber sexuelle, manche auch romantische Beziehungen zu anderen Personen außerhalb des Quadrupels. Quadrupel haben die Tendenz, nach einiger Zeit in zwei Paarbeziehungen zu zerfallen und dann eher eine *Polyfamilie* zu bilden.

Serielle Monogamie

Die *serielle Monogamie* beschreibt den heute in der westlichen Welt vorherrschenden Lebensstil, im Lauf des Lebens mehrere romantisch-sexuelle Beziehungen hintereinander zu führen, aber niemals parallel.

solo-poly

Solo-poly ist eine Person, die sich als »poly« definiert, momentan aber keine Partnerschaften hat und somit solo- (oder single-)poly ist.

Triade

Eine *Triade* ist gegeben, wenn drei Personen eine enge gleichberechtigte polyamore Beziehung eingehen – wie klassische Partnerschaften, aber mit drei Personen. Triaden können offen für weitere Personen oder exklusiv sein. Manche Triaden sind als Partnerschaft exklusiv, erlauben aber sexuelle, manche auch romantische Beziehungen zu anderen Personen außerhalb der Triade. Triaden sind eher selten.

V

Eine sehr häufige Form polyamorer Beziehungen, bei der eine Person romantische Beziehungen, oft sogar *Ankerbeziehungen* zu zwei anderen Personen hat, die aber miteinander nur eine platonische Beziehung haben. Im besten Falle verstehen sich die beiden *Metamours* blendend miteinander. Entwickeln die Metamours auch eine romantische Beziehung zueinander, dann wird das V zur *Triade*.

Das ABC rund um Sex und Gender

Wir wissen: Sexuelle Identität und Orientierung haben nichts mit Beziehung zu tun. Oder genauer: Beziehungsformen sind unabhängig davon, welche Geschlechter miteinander in Beziehung sind. Für uns sind es dennoch wichtige Themen, denn sie beschäftigen und definieren uns – und am Ende definieren sie auch, warum wir mit wem in Beziehung sind.

Die Begrifflichkeiten rund um Sexualität und Gender sind wahnsinnig vielfältig und werden gern auch wild durcheinandergeworfen. Doch die meisten von ihnen sind recht neu und deswegen für viele noch unbekanntes Terrain. Als Sarah sich zum Beispiel Gedanken über sexuelle Orientierung machte, gab es für die meisten Menschen nur hetero, schwul und lesbisch. Der Begriff *bisexuell* kam gerade erst auf. Heute gibt es für alles und jede:n unterschiedliche Begriffe – und wir verstehen, dass das sehr verwirren kann. Sarah erlebt selbst in ihrer Arbeit mit jungen Erwachsenen immer wieder, dass diese gar nicht wissen, wie sie sich oder andere denn jetzt genau bezeichnen sollen.

Sarah selbst kam lange nicht auf die Idee, sich zu »labeln«. Als Kind war für sie klar: Mädchen standen auf Jungs. Sie hatte zwar einen schwulen Onkel – dass auch Frauen etwas mit Frauen haben, war ihr bisher in ihrem Alltag nicht begegnet. Später, wenn Mädels im Club miteinander knutschten, war klar: Die wollten nur die Jungs geil machen. Sarah selbst fand das bescheuert und hat dabei nie mitgemacht. Auch mit ihren Freundinnen, mit denen sie den halben Sommer über nackt herumgelaufen war, hatte sie nie erotische Erfahrungen gemacht.

Erst sehr viel später, als erwachsene Frau, als Sarah schon einige Beziehungen hinter sich hatte und sie sich mehr mit sexuellen Themen beschäftigte, begann sie zu hinterfragen, warum sie bisher nur mit Männern geschlafen hatte. Zu dieser Zeit kategorisierte sie noch klar die zwei Geschlechter – aber sie begann zu spüren, dass sie nicht unbedingt einen Schwanz in sich brauchte, um glücklich zu sein. Sie überlegte und fühlte in sich hinein: Wie betrachte ich Menschen? Und sie merkte: Eigentlich machte sie gar keinen Unterschied. Es war ihr tatsächlich wumpe, ob jemand männlich oder weiblich war. Zudem fiel ihr auf, dass sie Frauen viel mehr als Männer beobachtete und sie als »schön« bezeichnete. Männer waren eher »hot« und »geil«. Die Feinheit des Wortes »schön« brachte Sarah aber vor allem mit Frauen in Verbindung. Und so war es klar, dass sie mit Anfang 20, noch bevor wir unsere Beziehung öffneten, Nick fragte, ob sie beim Christopher Street Day einmal mit einer Frau knutschen dürfe.

Wen Sarah immer schon gut fand, waren schwule Männer. Die meisten Männer finden es heiß, Frauen beim Sex zu sehen. Sarah fand es schon früh mega, Männer zu sehen, die miteinander vögeln. Immer mehr verschwammen für sie im Lauf der Zeit und im Lauf ihrer Beschäftigung mit der eigenen Sexualität die Grenzen zwischen den Geschlechtern. Drag faszinierte sie sehr, wenn also Männer für Frauen übliche Kleider trugen und damit völlig übertrieben – als Statement. Genauso fühlte sie sich schnell von non-binären und Transmenschen angezogen.

Irgendwann begegnete ihr das Wort *pan*, das erst seit ein paar Jahren kursiert und Menschen bezeichnet, die andere Menschen völlig unabhängig von ihrem Geschlecht begehren. Das passte perfekt, und seitdem bezeichnet sich Sarah als pansexuell. Denn sie verliebt sich nicht Geschlechter, sondern in Qualitäten: Sie findet attraktiv, wenn jemand feinfühlig, intelligent, kreativ oder humorvoll ist. Ob ein Schwanz an dem Menschen hängt oder Titten, ist ihr herzlich egal.

Auch Nick war lange Zeit nicht bewusst, dass es etwas anderes als heterosexuell und schwul gibt. Aufgewachsen in einem konservativen Umfeld, gab es für ihn nur entweder dies oder das. Schon früh interessierte er sich für Homosexualität, aber mehr aus Neugier, nicht aus persönlicher Anziehung. Je mehr wir uns aber auch auf queeren Partys und Festivals bewegten, desto mehr entdeckte Nick seine Anziehung zu Männern. Er bezeichnet sich heute als *homiesexuell*, was bedeutet, sich sexuell und romantisch zum anderen Geschlecht hingezogen zu fühlen, aber Spaß daran zu haben, mit dem gleichen Geschlecht herumzuknutschen. Schwule, findet er, können megagut flirten, oft viel besser küssen als Frauen und sind proaktiv und direkt. Es macht ihm Spaß, aber es passiert nichts in der Hose. Dafür sind bei ihm die Frauen zuständig.

Apropos Frauen: Nick durchbricht mit seinen Outfits beim Feiern gern das stereotype Männerbild und peppt es mit kleinen, weiblich gelesenen Accessoires auf. Für Frauen gibt es einfach die schöneren Klamotten. Und das muss man doch ausnutzen, oder nicht?

Wir könnten noch viel mehr über die Themen rund um sexuelle Identität und Orientierung schreiben. Aber darauf einzugehen, würde Umfang und Fokus dieses Buches sprengen. Damit ihr wenigstens ungefähr wisst, was wir meinen, wenn wir Begriffe wie *homiesexuell*, *pan* oder andere verwenden, haben wir euch die wichtigsten lexikonartig zusammengestellt.

Im Folgenden (und auch im restlichen Buch) verwenden wir durchgehend den Gender-Doppelpunkt. Er steht nicht nur für eine elegantere Schreibweise der männlichen und weiblichen Form (»Mitschüler:innen« statt »Mitschülerinnen und Mitschüler«). Er steht vor allem als Platzhalter für alle Geschlechtsidentitäten zwischen männlich und weiblich. Somit machen wir deutlich, dass wir alle im Blick haben. Dieselbe Funktion hat das Sternchen, zum Beispiel bei LGBTQIA*. Es will sagen: Es gibt noch viel mehr!

agender
Schaut mal bei *nicht-binär*!

Ally (Alliierte:r)
Allys sind hetero-*cis*-Person, die sich als Verbündete der *LGBTQIA**-Community sehen und/oder sich insgesamt für diskriminierte oder marginalisierte Gruppen einsetzen. Sie stehen dafür ein, dass alle Menschen die gleichen Rechte verdienen, unabhängig von Geschlecht, Herkunft oder Sexualität, obwohl sie selbst aufgrund ihrer Privilegien nicht von Diskriminierung betroffen sind.

Wir haben viele Allys in unserem Bekanntenkreis, die sich für unsere Projekte interessieren und sich mitengagieren. Hey, all ihr Allys: Wir danken euch!

aromantisch
Aromantische Personen verspüren keine romantischen Anziehungen gegenüber anderen Personen.

asexuell
Asexuelle Personen haben Interesse an romantischen Verbindungen, nicht aber an sexuellen Handlungen, genauer gesagt fehlt das »Verlangen« danach.

bi
Bi steht für »zwei« und bezeichnet Menschen, die sich sowohl zum Weiblichen als auch zum Männlichen hingezogen fühlen.

BDSM
BDSM ist ein Sammelbegriff für sexuelle Neigungen und Praktiken rund um lustvolle, spielerische Gewalterfahrungen.

- *B* steht für *B*ondage, also alles rund ums Fesseln.
- *D* steht für *D*isziplin oder *D*ominanz. Darunter fallen auch Bestrafungsspiele.

S steht für *S*ubmission (Unterwerfung) und Sadismus (die Lust daran, physischen und/oder psychischen Schmerz zuzufügen).

M steht für *M*asochismus (die Lust daran, physischen und/oder psychischen Schmerz zu empfangen).

Alle BDSM-Praktiken beruhen auf Freiwilligkeit und *Consent*. BDSM umfasst ein sehr breites Spektrum. Wir selbst setzen uns (auch im Podcast) immer wieder mit diesem Thema auseinander, sowohl mit den schönen und aufregenden Seiten als auch mit den Schatten. Wir probieren uns immer wieder selbst darin aus, Sarah noch mehr als Nick.

Cisgender

Cisgender ist das Gegenteil von *transgender*. Cis-Menschen fühlen sich dem Geschlecht zugehörig, das ihnen bei der Geburt zugewiesen wurde. Die meisten Menschen sind also *cis*, auch wenn sie den Begriff nie gehört haben.

Consent

Consent bedeutet so viel wie gegenseitiges Einverständnis. Für alles, was im körperlichen oder sexuellen Kontext miteinander passiert, muss die aktive Zustimmung aller beteiligten Personen vorliegen. Ein fehlendes klares »Ja« zu Beginn und mittendrin bedeutet, dass kein Consent vorliegt. Ein einmal gegebenes Einverständnis gilt nicht für immer (zum Beispiel in einer Partnerschaft), sondern muss jedes Mal neu eingeholt werden. Das Einverständnis muss nicht zwingend mündlich erfragt und signalisiert werden, es kann auch durch eindeutige Körpersprache zum Ausdruck gebracht werden. In jedem Fall ist es erforderlich, dass die aktive Person bewusst und für das Gegenüber klar ersichtlich um Einverständnis bittet. Eine bekannte (und humorvolle) Illustration des Konzepts ist das YouTube-Video »Tea and Consent«.

demisexuell
Demisexuelle Menschen spüren nur eine sexuelle Anziehung, wenn sie eine starke emotionale Anziehung (nicht zwingend romantischer Natur) fühlen.

Drag
Wenn Menschen sich so kleiden, wie es gesellschaftlich fürs andere Geschlecht üblich ist, und damit stark übertreiben, nennt man das *drag*. Drag-Queens (männlich gelesene Personen in weiblich gelesener Kleidung) und seltener Drag-Kings (weiblich gelesene Personen in männlich gelesener Kleidung) spielen mit den Geschlechternormen und -rollen, überzeichnen sie drastisch und stellen sie damit auf spielerische und künstlerische Weise infrage.

Die berühmte US-Drag-Queen RuPaul sagte einmal: »We're born naked, and the rest is drag.« (»Wir werden nackt geboren – der Rest ist drag.«) Das bringt die Rolle von Gender ziemlich gut auf den Punkt.

Sarah liebt drag und ist völlig fasziniert davon.

Fetisch
Ein *Fetisch* ist ein auf Objekte bezogener *Kink*. Der Fetisch kann sich auf Belebtes beziehen wie Körperteile (zum Beispiel Fußfetisch) oder auf unbelebte Objekte wie zum Beispiel gewisse Materialien oder bestimmte Kleidungsstücke.

Flinta*
*Flinta** ist ein Sammelbegriff für Frauen, Lesben, *intersexuelle, nicht-binäre, trans-* und *agender*-Personen. Meistens wird er gebraucht, wenn über patriarchale Diskriminierung aufgrund von Geschlechtsidentitäten gesprochen wird. Stark verkürzt könnte man sagen: Flinta* sind alle Personen, die nicht *cis-männlich* sind.

genderfluid
Genderfluide Menschen ändern ihre *Geschlechtsidentität* im Lauf ihres Lebens. Die Identität kann zwischen allen *Gendern* wechseln.

Siehe auch *nicht-binär.*

genderqueer
Erklären wir ebenfalls bei *nicht-binär.*

Gender
Mit *Gender* werden Geschlechtsaspekte zusammengefasst, die eine Person in Gesellschaft und Kultur, aber auch im eigenen Erfahren, in Abgrenzung zu ihrem bei der Geburt zugewiesenen Geschlecht beschreiben. Der Begriff bezieht sich sowohl auf die Geschlechterrollen innerhalb der Gesellschaft als auch auf die persönlich empfundene Zugehörigkeit zu einem Geschlecht.

Es gibt dabei nach heutiger Auffassung nicht nur die beiden Geschlechter männlich und weiblich. Menschen können sich selbst gemäß ihrer eigenen *Geschlechtsidentität* in eine Vielzahl von Abstufungen und Varianten eingruppieren.

Geschlechtsidentität
Die *Geschlechtsidentität* bezeichnet das innere Wissen und Empfinden über die eigene geschlechtliche Zugehörigkeit. Viele Menschen wissen früh, ob sie sich als Mädchen, Junge oder einem weiteren Geschlecht zugehörig fühlen. Die Geschlechtsidentität kann sich aber im Laufe des Lebens auch verschieben, etwa von *agender* zu *transgender* oder von *cis* zu *non-binary.*

heteroflexibel
Heteroflexibel sind Menschen, die sich überwiegend als heterosexuell definieren, aber in Momenten, in denen sie besondere Vibes zu einer anderen Person verspüren, auch ein-

mal in einen körperlichen und/oder sexuellen Kontakt mit einer gleichgeschlechtlichen Person gehen.

homiesexuell
Homiesexuell sind Menschen, die sich sexuell und romantisch zum anderen Geschlecht hingezogen fühlen, aber Spaß daran haben, mit dem gleichen Geschlecht herumzuknutschen. Menschen beschreiben Gefühle von Freude, Spaß, aber keine sexuelle Erregung.

Nick findet, homiesexuell beschreibt ihn selbst sehr treffend.

homoflexibel
Homoflexibel sind Menschen, die sich überwiegend als homosexuell definieren, aber in Momenten, in denen sie besondere Vibes zu einer anderen Person verspüren, auch mal in einen körperlichen und/oder sexuellen Kontakt mit dem anderen Geschlecht gehen.

intersexuell
Intersexuell umschreibt eine zwischengeschlechtliche Person. Sie wurde mit weiblichen und männlichen Geschlechtsmerkmalen geboren und kann biologisch nicht eindeutig als Frau oder Mann zugeordnet werden. Früher sagte man »Zwitter«, das Wort ist aber nicht mehr gebräuchlich und wird teilweise als Schimpfwort verstanden.

Kink
Kink bezeichnet ausgefallene Formen von Sex, zum Beispiel *BDSM*-Praktiken, aber auch alle anderen speziellen Vorlieben außerhalb der sogenannten »Norm«.

LGBTQIA*
*LGBTQIA** ist eine Sammelbezeichnung für alle sexuellen Orientierungen, die nicht rein heterosexuell sind.

L steht für *l*esbisch und bezeichnet homosexuelle Frauen.

G steht für *g*ay. Der Begriff kommt aus dem Englischen, bedeutet ursprünglich »fröhlich« und bezeichnet schwule Männer. Mittlerweile sind auch oft lesbische Frauen damit gemeint.

B steht für *bisexuell.*

T steht für *Trans*identität.

Q steht für *queer.*

I steht für *intersexuell.*

A steht für *asexuell.*

* steht für alles andere. Das Sternchen steht für die Aspekte von Sexualität und Geschlecht, für die es (noch) keine Begriffe gibt.

non-binary (nicht-binär)

Wenn die eigene *Geschlechtsidentität* nicht eindeutig männlich oder weiblich ist, sondern sich dazwischen oder gar außerhalb dieser Polarität bewegt, sprechen wir von *non-binary*, zu Deutsch nicht-binär, oder auch von *genderqueer*, *genderfluid* oder *agender.* Die Begriffe bezeichnen *Geschlechtsidentitäten* jenseits von (rein) männlichen und (rein) weiblichen.

Nicht-binäre *Geschlechtsidentitäten* ergeben sich in der Regel nicht aus bestimmten Körpermerkmalen, sondern aus dem eigenen Geschlechtsempfinden.

omnisexuell

Eine *omnisexuelle* Person fühlt sexuelle Anziehung gegenüber allen Geschlechtern. Im Gegensatz zu *pansexuellen* Menschen fühlen sich omnisexuelle Menschen zu allen Gendern hingezogen, nehmen aber Gender wahr und können auch Präferenzen haben.

pansexuell
Pansexuelle Menschen begehren und/oder lieben Menschen unabhängig von deren Geschlecht.
Sarah ist pansexuell, denn das Geschlecht der Person ist ihr völlig wumpe.

queer
Das Wort stammt aus dem Englischen und bedeutet übersetzt »seltsam« oder auch »infrage stellen«. Mit *queer* bezeichnen sich alle Menschen, die in irgendeiner Form in ihrer sexuellen Orientierung und Geschlechtsidentität der gesellschaftlichen »Norm« (*heterosexuell*, *monogam* lebende *Cis*-Menschen) abweichen. Heterosexuelle Menschen können deshalb auch queer sein, etwa wenn sie in einer offenen-, swinger- oder *polyamoren* Beziehung leben.

sapiosexuell
Die erotische Hingezogenheit zum Intellekt einer anderen Person. Oft bezeichnen Menschen diese Form der Anziehung als eine Stimulation auf der Basis der besonderen Denkweise der anderen Person.

Bei Sarah äußert sich diese Ebene darin, dass sie oft mit Menschen intensiv schreibt und sich mit ihnen gedanklich austauscht und sie das erregt –, unabhängig davon, ob Körperlichkeit im Spiel ist oder nicht.

sexpositiv
Die *Sexpositive* Bewegung versucht, kulturelle Einstellungen und Normen rund um Sexualität zu verändern und die Anerkennung der Sexualität in ihren vielen Ausdrucksformen als natürlichen und gesunden Teil der menschlichen Erfahrung zu fördern. Wichtige Aspekte sind dabei die persönliche Souveränität, Safer-Sex-Praktiken und einvernehmlicher Sex (frei von Zwang). Die Sexpositiv-Aktivistin Allena Gabosch formuliert in ihrem Blog: »Sexpositiv ist eine Einstel-

lung zur menschlichen Sexualität, die alle einvernehmlichen sexuellen Aktivitäten als grundsätzlich gesund und lustvoll ansieht und sexuelle Lust und Experimente fördert.«

Sexuelle Identität

Sexuelle Identität bezeichnet die Identität, die der Mensch ausgehend von seiner *sexuellen Orientierung* entwickelt. Das Alter, die ethnische und soziale Herkunft, das Geschlecht und die Sexualität tragen dazu bei, dass sich unsere Identität bildet. Die sexuelle Identität ist das grundlegende Selbstverständnis davon, wer wir als geschlechtliches Wesen sind, wie wir uns selbst wahrnehmen und wahrgenommen werden wollen.

Sexuelle Orientierung

Sexuelle Orientierung bezeichnet, zu welchem Geschlecht (oder genauer: welcher *Geschlechtsidentität*) wir uns in unserem Fühlen und Begehren körperlich und/oder emotional hingezogen fühlen. Das kann zum Beispiel heterosexuell, homosexuell, *bisexuell* oder *pansexuell* sein. Sexuelle Orientierung kann das Ausleben von Sexualität beinhalten, muss es aber nicht, wie zum Beispiel im Falle einer *asexuellen* Orientierung.

Swinger

Swinger führen sexuelle Beziehungen mit anderen Menschen im Beisein ihrer Partner:innen, häufig in Swingerclubs oder im privaten Rahmen. Über das Sexuelle hinausgehende Kontakte oder gar Gefühle sind in der Regel nicht erwünscht. Aus der Swinger-Szene stammt der Slogan »Alles kann, nichts muss«.

Transidentität

Bei der Geburt entscheidet meist das Aussehen der Geschlechtsmerkmale darüber, ob das Baby als Mädchen oder Junge registriert wird. Nicht alle Menschen identifizieren sich aber im Laufen ihres Lebens mit dem bei der Geburt zugewiesenem Geschlecht. Diese Personen werden als trans*-Menschen definiert. Sie spüren, dass etwas nicht passt, entweder weil sie sich »dem anderen« Geschlecht zugehörig fühlen oder weil sie sich gar keinem eindeutigen Geschlecht zuordnen wollen oder können.

Den physischen Prozess (Transition) vollzieht nicht jeder trans*-Mensch. Einige nutzen nur einen Teil der medizinischen Möglichkeiten (Operation, Hormongabe), andere fühlen sich dem Körper zugehörig, den sie haben, obwohl sie anders fühlen, als es diesem Körper von der Gesellschaft normalerweise zugewiesen ist. Früher wurde in diesem Zusammenhang das Wort »transgender« benutzt. Das ist heute aber nicht mehr üblich, man spricht von Transfrau, Transmann oder Transperson.

Die *sexuelle Identität* ist unabhängig von der sexuellen Orientierung. Trans*-Menschen können etwa hetero-, *homo-, bi-, pan-, oder asexuell* sein (siehe *sexuelle Orientierung*).

III
WE FUCKIN' LOVE US
—
WAS FÜR UNS BEZIEHUNG IST

Nur Monogamie ist wahre Liebe.

☐ ja ☐ nein ☐ weiß nicht

Wenn du dich noch nicht intensiv mit nicht exklusiven Beziehungen beschäftigt hast, denkst du in diesem Zusammenhang an vom Sex gelangweilte Paare kurz vor der Trennung, an bindungsunfähige Millennials, an hemmungslose Orgien mit wildfremden Menschen, an Midlife-Crisis, an ausgelebten Egoismus? Oder an Begriffe wie gesunde Partnerschaft, Verbindlichkeit, Treue und Achtsamkeit?

Genau diesen Begriffen wollen wir hier unsere Aufmerksamkeit schenken. Wir wollen euch von unserem Verständnis von Beziehung und Partnerschaft erzählen. Und das könnte euch überraschen. Wir wollen zeigen, was für uns ein gesundes Miteinander von Menschen ausmacht, die mehr als nur Bekanntschaft oder Verwandtschaft verbindet. Egal, ob klassisch oder offen. Egal, ob hetero oder homo. Egal, ob als Partnerschaft mit gegenseitiger Verantwortung bis zum letzten Atemzug, oder ob man nur ab und zu nach der Fahrradtour noch miteinander im Bett landet. Oder irgendwas dazwischen.

Denn die Grundlagen für gute Beziehungen decken sich zu 90 Prozent zwischen klassischen und alternativen Beziehungen. Schauen wir uns die Besonderheiten alternativer Beziehungen an und was sie überhaupt alternativ macht, um uns anschließend anzusehen, was gute Beziehungen generell ausmacht.

Nicht nur kein Standard

Alternative Beziehungsformen umfassen ein breites Spektrum. Es gibt Paare, die sich ab und zu jemanden Dritten mit ins Bett holen. Es gibt Paare, die gemeinsam in einen Swinger-Club oder auf Sexpartys gehen, um dort kontrolliert und für eine begrenzte Zeit in eine Parallelwelt der »freien Liebe« abzutauchen.

Es gibt Paare, die sich gegenseitig »erlauben«, andere Menschen allein zum Sex zu treffen. (Warum das Wort »erlauben« in Anführungszeichen steht, dazu später mehr.) Manche genießen es, einander von ihren Abenteuern – bis ins letzte Detail der absurdesten Sexstellungen hinein – zu erzählen, manche Paare wollen nicht einmal voneinander wissen, wenn eine andere intime Begegnung stattgefunden hat.

Bei wieder anderen Paaren »dürfen« zum Sex auch Gefühle kommen. (Wieder diese Anführungszeichen! Noch ein bisschen Geduld.) Sie teilen die Schmetterlinge im Bauch miteinander, sie teilen auch den Liebeskummer, wenn eine andere Beziehung in die Brüche gegangen ist. Viele Paare kennen dabei auch die Partner:innen ihrer Lieblingsmenschen oder sind sogar selbst mit ihnen befreundet.

Seid ihr schon einmal in den Armen eures Herzensmenschen gelegen, der:die euch sanft über den Kopf streichelte, während ihr bitterliche Tränen über die Trennung von einem anderen Menschen vergossen habt? Wenn ja, dann wisst ihr, wie tief es geht, als Paar Liebesgefühle zu anderen Menschen miteinander zu teilen.

Wenn Liebe ins Spiel kommt, dann kommen wir langsam in den Bereich der klassischen Polyamorie. Je nach Intensität und Anlage der Beziehungen (und je nach Definition von Polyamorie) kann man ein Paar mit einer offenen Beziehung und weiteren festen Partnerschaften bereits polyamor nennen.

In der braven Theorie lassen sich Schubladen bilden, die man mit wohlklingenden Kriterien beschriftet, um jede mögliche Beziehungsform säuberlich und sortenrein katalogisieren zu können. In der wilden Wirklichkeit des Lebens geht das nie lange gut. Zumindest dann nicht, wenn man sich auf dem Weg in die Freiheit nicht in neue Zwänge stecken lassen will.

Für die meisten Menschen, die über Polyamorie reden, fängt »poly« da an, wo ein Mensch erkennbare, langfristige, vertrauensvolle romantische Beziehungen zu mehr als zwei Menschen beginnt.

All den bisher genannten Formen alternativer Beziehungen ist aber ein wesentliches Merkmal gemeinsam: Es gibt bei allen eine feste Beziehungsachse zwischen zwei Menschen – einem Paar. Nennen wir die beiden Anna und Peter. Die beiden bilden die Ankerbeziehung, neben der es noch weitere Beziehungen gibt. Anna hat noch was mit Thomas und Michael, Peter trifft sich noch mit Paula. Paare wie Anna und Peter haben meist einen gemeinsamen Lebensmittelpunkt an einem gemeinsamen Ort, teilen Alltag und Geld, können gemeinsame Kinder haben. Alle anderen Beziehungen der beiden Beteiligten gruppieren sich um diese Hauptbeziehung und rangieren in der Priorität zwischen Abenteuer, Affäre und stabiler Zweitbeziehung. Es ist in allem eine klare Hierarchie erkennbar: Hier Anna und Peter, dort »die anderen«.

Man nennt das entsprechend auch hierarchische Polyamorie, weil eine der Paarbeziehungen in der Hierarchie über den anderen steht. Im Fall des Falles würden – so die Theorie – die Nebenbeziehungen gegenüber der Hauptbeziehung zurückstecken, sowohl bei so simplen Themen wie Terminkollisionen als auch bei existenziellen Fragestellungen der Lebensgestaltung.

Die offene Beziehung und die hierarchische Polyamorie mit zwei Menschen im Mittelpunkt sind nach wie vor die am häufigsten anzutreffenden Formen alternativer Beziehungen. Sie bleiben der Paarbeziehung als der zentralen Verbindung treu und kennen lediglich mehrere Nebenverbindungen, die sich berühren oder überschneiden können, aber nicht müssen.

Wenn es mehr wird als 2+

Gehen wir eine Komplexitätsstufe weiter, kommen wir in die Gefilde der egalitären oder symmetrischen Polyamorie. Eine häufige Form davon ist das sogenannte »V«, bei der unsere Anna von oben jeweils eine Hauptbeziehung mit Peter und Thomas hätte, Peter und Thomas aber lediglich miteinander befreundet wären. Ob Thomas oder Peter daneben noch andere Beziehungen haben, ist hier unerheblich, genauso die Frage, ob Anna noch weitere sporadische Nebenbeziehungen oder Freundschaften+ hat. Für Anna aber wären

Peter und Thomas *die* beiden Männer in ihrem Leben, und Anna könnte nicht sagen, ob die Beziehung mit Peter oder die mit Thomas für sie wichtiger wäre. Sie wären eben gleich (-wertig), daher der Begriff *egalitär.*

Richtig spannend wird es dann, wenn Peter und Thomas auch noch eine intime Beziehung miteinander eingehen. Alle drei hätten dann eine romantische und/oder sexuelle Beziehung zu den jeweils anderen. Die drei wollen ein gemeinsames Leben langfristig und vertrauensvoll gestalten und dabei sowohl eigenständige Persönlichkeiten bleiben als auch die Zweierbeziehungen zueinander gestalten. Wer sich mit Mathematik auskennt, wird ahnen, um wie viel komplexer es mit jeder weiteren Person in einer derartigen Konstellation wird und um wie viele Male höher der Bedarf an Kommunikation und Beziehungszeit wird. Vermutlich deshalb sind egalitäre polyamore Beziehungsgeflechte mit drei Personen bereits selten, mit vier oder mehr aber kaum zu finden.

Höherer Beliebtheit erfreut sich die Beziehungsanarchie, bei der jeder Mensch mehrere völlig unterschiedliche, nicht in Kategorien beschreibbare und in ihrer Form nicht festgelegte Beziehungen hat. Die Beziehungsanarchie stellt das unabhängige Individuum in den Mittelpunkt und geht davon aus, dass jede Beziehung dieses Menschen mit anderen für sich steht und ihre eigenen Regeln hat. Meistens werden sie von sehr freiheitsliebenden Menschen gelebt, die viel Raum für sich selbst wollen oder brauchen. Anna und Peter würden dann wahrscheinlich gar nicht zusammenwohnen, oder wenn doch, dann in einer Wohngemeinschaft mit mehr Intimität als in normalen WGs. Trotzdem würden beide die großen Linien ihrer Leben nicht aufeinander abstimmen. Anna und Peter hätten ihre Beziehung, Anna und Thomas ihre, und so weiter. Keine:r der drei würde die persönliche Zukunft davon abhängig machen, ob die Beziehungspartner diesen Weg mitgehen. Oder vielleicht doch. Beziehungsanarchie ist, wie sie heißt: schwer festzulegen. Gerade darin liegt ihr Reiz.

Was heißt denn hier alternativ?

All das sind alternative Beziehungsformen. Was verbindet sie? Vielleicht lässt sich diese Frage am einfachsten beantworten, indem wir sie umkehren: Was unterscheidet sie von klassischen Beziehungen? Was macht sie alternativ?

Das Wichtigste liegt auf der Hand: Alternative Beziehungsformen verlangen im Gegensatz zum klassischen Beziehungsstandard keine Exklusivität. Sie sind also immer nicht monogam. Das bedeutet: Intimität, Sexualität, Schmetterlinge im Bauch oder sogar tiefe Liebe bis hin zur Partnerschaft mit Lebensperspektive sind nicht auf zwei Menschen begrenzt.

Das bedeutet allerdings nicht zwingend, dass es sexuelle Außenkontakte geben muss oder gar mehrere Menschen in einer Beziehung stecken müssen. Es bedeutet einfach, dass wir vom Gegenüber nicht verlangen, sich sexuell oder emotional exklusiv an uns zu binden. Man könnte auch sagen: Es bedeutet, je nach Vereinbarung, Sex oder eine Liebesbeziehung mit anderen Menschen als willkommene Möglichkeit in die Partnerschaft miteinzubeziehen.

Wir kennen viele Paare, die über eine Öffnung der Beziehung gesprochen und diese auch vereinbart haben, denen allein das aber so viel Freiheit gegeben hat und es sie so glücklich gemacht hat, dass sie es bisher gar nicht in die Tat umgesetzt haben. Allein das Wissen, dass mein Lieblingsmensch mir so sehr vertraut, gibt ihnen schon sehr viel.

Da die meisten von uns in Beziehungen ein hohes Sicherheitsbedürfnis haben, erfordert die fehlende Exklusivität ein hohes Maß an Transparenz, Kommunikation und Reflexionsfähigkeit. Wer weiß, dass sein Lieblingsmensch gerade mit jemandem anderen intim ist, der braucht ein gehöriges Maß an Selbstsicherheit, um die unweigerlich aufkommenden, vom Urinstinkt geleiteten Gefühle des Stammhirns in ihre Schranken zu weisen. Der Lover deiner Partnerin ist eben kein Säbelzahntiger, der deine Beziehung bedroht, sondern ein schnurrendes Schmusekätzchen, das gerne mit verschiedenen Menschen kuschelt – darunter dein Lieblingsmensch (und der genießt das sichtlich). Eigentlich könnte alles cool sein, sagt unser aufgeklärtes Bewusstsein, doch unsere Gefühlsebene schlägt Alarm.

Vor allem Nick war es am Anfang unserer Öffnung wichtig, dass er nicht allein zu Hause rumsaß, während Sarah ein Date hatte. Er brauchte die Ablenkung, um nicht in diesen Alarmmodus zu kommen. Mit einem eigenen Date oder einem Treffen mit Freund:innen fiel ihm das viel leichter.

Für jeden ist Intimität etwas anderes: Für die einen fängt sie erst bei »Schwanz rein« an, für die anderen ist es schon krass, den Lieblingsmenschen jemanden anderen berühren zu sehen, für wieder andere genügt schon ein Blick in die »falsche« Richtung oder ein tiefes Gespräch mit einem theoretisch möglichen Sexpartner, um Eifersucht zu spüren. Damit diese Gefühle nicht an der Beziehung nagen, ist es wichtig, die Transparenz herzustellen, die von den Partner:innen jeweils gebraucht wird, um Gefühle zu erkennen, auszusprechen und gemeinsam mit ihnen umzugehen. Darauf gehen wir später noch genauer ein.

Miteinander in Beziehung treten

Vielleicht ist schon klar geworden, was alternative Beziehungsformen aller Komplexitätsstufen noch miteinander verbindet: Es sind Beziehungen, und damit geprägt von einer gegenseitigen Verlässlichkeit, mindestens so, wie wir auch Freund:innen gegenüber verlässlich sind.

Wenn wir nachts in einem Club mit jemandem nach Hause gehen, vögeln und am nächsten Morgen nach dem Frühstück wieder fahren, dann ist das hoffentlich eine richtig geile Nacht und eine großartige Begegnung für beide gewesen. Aber wenn es das dann war, dann war es das. Keine Ansprüche, sich wiederzusehen. Keine Ansprüche auf zukünftige Zeit miteinander oder tiefere Einblicke ins Leben. Keine Beziehung.

Eine Beziehung entsteht dann, wenn wir mit diesem Menschen in Kontakt bleiben, ihn wieder treffen und ein gemeinsames »Wir« aufbauen, das über eine Begegnung hinaus besteht. Wenn wir einander ein Stück in unsere Leben lassen, einander etwas von unserem Inneren zeigen, wenn wir uns mehr und mehr aufeinander verlassen können. Wenn wir Freundschaft schließen.

Selbst in der Beziehungsanarchie ist es nicht egal, ob man sich morgen noch meldet. Alle alternativen Beziehungsformen benötigen innerhalb der getroffenen Vereinbarungen ein sehr verlässliches Miteinander und eine klare Kommunikation auf Augenhöhe. Besonders, wenn eine:r der Beteiligten das Gefühl hat, dass sich etwas daran verändert. Was die Monogamie per Definition mitbringt, muss ohne sie durch eine stetige bewusste Reflexion der Beziehung erreicht werden.

Die trügerische Sicherheit der Monogamie

All das könnte so wirken, als ob alternative Beziehungen mehr Transparenz, Kommunikation, Vertrauen, Bewusstheit und Verlässlichkeit als klassische Beziehungen brauchen. Als ob alternative Beziehungen »Über-Beziehungen« wären und viel mehr Investition in die Beziehung bräuchten. Als ob sie anstrengender wären. Wir glauben das nicht.

Wir glauben, alle Beziehungen brauchen diese Werte in gleichem Maße. Bei nicht exklusiven Beziehungen ist das allerdings offensichtlicher, denn ihr Fehlen führt viel schneller zur Katastrophe.

Monogame Beziehungen haben die große Stärke, auch mit schwankender Qualität der Beziehung im Zweifel lange Zeit eine hohe Stabilität aufweisen zu können. Sicher macht gerade das die Monogamie in der breiten Masse so erfolgreich. Die Monogamie ist für Beziehungen wie die durchgezogene Linie beim Autofahren: Solange man diese Linie nicht überfährt und alle in ihrer Spur bleiben, läuft alles vor sich hin und man kollidiert mit niemandem (und nein, in diesem Bild gibt es keine Autos vor und hinter uns, jedes Paar hat eine eigene Spur).

Gerade in den kurvigeren Phasen des Lebens wie der Geburt von Kindern, beruflicher Anspannung und anderen krisenträchtigen Ereignissen leistet die Monogamie hervorragende Dienste, Beziehungen auch ohne intensive Beziehungsarbeit stabil zu halten und alle Beteiligten über die Durststrecke zu bringen, bis alles wieder besser wird.

Alle, die Auto fahren, wissen aber nur zu gut: Weiße Linien stabilisieren ein Fahrzeug nicht wirklich. Die weiße Linie ist nichts als eine Vereinbarung, die der Gesetzgeber in die Straßenverkehrsordnung geschrieben hat und deren Bedeutung wir in der Fahrschule gelernt haben. In der Praxis und mitten im Verkehrstrubel hindert uns allerdings nichts und niemand daran, diese Linie zu überfahren und in die Spur neben uns zu gleiten.

Wer Geschwindigkeit, Enge der Kurve, Bodenbeschaffenheit, Reifenprofil und Wetter ignoriert und nur darauf achtet, in der eigenen Spur zu bleiben, kann sehr schnell merken, wie eigenwillig so ein Fahrzeug reagieren kann. Die Physik schert sich nicht um Fahrbahnmarkierungen, und die Fliehkräfte sind schnell nicht mehr zu kontrollieren. Und schon landet man im Graben.

Die zeitweilige Krisenfestigkeit der Monogamie hat also nicht selten einen hohen Preis. Sie ist eine trügerische Sicherheit, die uns das Gefühl für die tatsächliche Stabilität der Beziehung nimmt.

Natürlich trifft das nicht auf jede Beziehung zu, aber die Monogamie verleitet dazu, vor allem die durchgezogenen Linien als Qualitätsmerkmal im Blick zu haben und die eigentlichen Stabilitätsfaktoren für Beziehungen zu vernachlässigen. Beziehungen können erstaunlich lang unbemerkt leiden, bis das Paar plötzlich mit Karacho aus der Kurve fliegt, sich die Augen reibt und fragt, wie es nur dazu kommen konnte.

Den Effekt können Partner:innen dabei prima verstärken, indem sie versuchen, den innerhalb der Beziehung entstandenen Druck durch eine geheime Affäre abzubauen. Plötzlich erscheinen der Alltagsschnodder und die Unzulänglichkeiten im Miteinander gar nicht mehr so schlimm, denn die Sonne strahlt, sobald man sich in die federleichten, nach Freiheit duftenden Laken der Affäre fallen lässt. Das Leben ist wieder aufregend und kribbelig und der Sex ist mega. Wir überfahren dann in Wirklichkeit die durchgezogene Linie, aber nach außen hin stehen die Zeichen auf »Spur halten«. Für die bestehende Beziehung scheint das bequem zu sein: Es nimmt den Veränderungsdruck, was erst mal angenehm ist. Aber es zementiert gleichzeitig auch die Probleme im Miteinander – aus demselben Grund: Der Druck ist geringer, daran arbeiten zu müssen. Der Sand im Getriebe ist dadurch aber nicht weg, im Gegenteil: Wo sich einmal Sand ansetzt, bleibt immer mehr Sand hängen. Und dass man alles dafür tut, um die Situation zu verschleiern (sprich: sein Gegenüber anlügt), fördert auch nicht gerade das offene und ehrliche Gespräch.

Das Substrat einer guten Beziehung

Geheime Affären machen die Dinge entweder unmerklich schlimmer oder lassen alles explodieren, sobald sie ans Licht kommen. Wir kennen alle Menschen aus unserem Freundeskreis, deren Beziehung durch eine Affäre in die Brüche gegangen ist, oder? Den Statistiken nach ist in der Mehrheit der monogamen Beziehungen schon mal jemand fremdgegangen. Monogamie als Konzept wirkt auf den ersten Blick wie eine sichere Spur, aber nur, wenn man auch angemessen fährt – sprich: auf die grundlegenden Faktoren für gute und gesunde Beziehungen achtet. Diese Faktoren gelten für klassische wie für alternative Beziehungsformen gleichermaßen. Ob ihr also mehr der monogame Beziehungstyp seid oder Beziehung alternativ leben wollt oder lebt: Die folgenden Empfehlungen sind radikal, aber wir finden sie substanziell für jede gute Beziehung.

Gespannt? Los gehts!

Empfehlung 1: Habt Mut zur Wahrheit!

Stellt euch vor, ihr dürftet ganz ihr selbst sein und völlig ehrlich miteinander umgehen. Ihr müsstet euch nicht vor eurem Lieblingsmenschen verstellen oder ihm ausweichen, wenn euch etwas fehlt oder stört oder ihr euch nach etwas sehnt, was das Gegenüber nicht erfüllen kann oder will. Und stellt euch vor, ihr könntet genau das tun. Ganz entspannt bei einem Gläschen einander gegenüber im Bett sitzend, ohne auch nur den leisesten Hauch einer Angst zu haben, dass sich eure Ehrlichkeit negativ auf die Stabilität und Qualität eurer Beziehung auswirkt. Im Gegenteil!

Wäre das himmlisch oder eine Horrorvorstellung?

Die meisten von uns sind – nicht zuletzt durch unsere

Sozialisation von Kindheit an – sehr zurückhaltend mit dem Äußern von Sehnsüchten und Bedürfnissen, selbst gegenüber den uns vertrautesten Menschen. Wir haben Angst, zurückgewiesen zu werden oder den Lieblingsmenschen zu verletzen. Besonders wenn es um sexuelle Fantasien geht, fürchten wir, dass kein Verständnis für unsere Sehnsüchte da ist oder die Person selbst getriggert wird, weil sie die Fantasie irritierend oder gar abstoßend findet.

Die wichtigste Voraussetzung für eine gute Beziehung ist, einen angstfreien Raum zu schaffen. Einen Raum, der es ermöglicht, in liebevoller, aber unverschnörkelter Weise die eigenen Irritationen, Verletzungen, Sorgen und Ängste genauso miteinander zu teilen wie unsere elementarsten Bedürfnisse, tiefsten Wünsche und verrücktesten Sehnsüchte. Auch und gerade die in Bezug auf das Gegenüber und die gemeinsame Partnerschaft.

Es geht also um Ehrlichkeit. Um Wahrheit. Darum, einander Gefühle zumuten zu können, ohne dabei Sorge haben zu müssen, das Gegenüber zu verärgern oder wütend zu machen. Es geht darum, so zu sein und uns so zeigen zu dürfen, wie wir sind.

All das ehrlich mitteilen zu können, was im Herzen und Kopf herumschwirrt, hört sich für manche himmlisch an, für andere erst mal wie das Schlimmste, was passieren könnte. Doch wir versprechen: Es ist ganz schön befreiend! Und verbindend! Denn es beseitigt die Unsicherheit und Vermutungen, die (Fehl-)Interpretationen der Verhaltensweisen des Gegenübers. Es schafft Sicherheit und ermöglicht, gemeinsam Lösungen zu finden, statt immer nur zu raten, was jetzt das Beste wäre.

Die meisten von uns sind so gestrickt, dass sie es sich im Status quo leidlich einrichten, und auch, wenn sie damit kreuzunzufrieden sind, scheuen sie es, offen auszusprechen, was ihnen auf der Seele liegt. Sie wollen das Gegenüber schließlich nicht verletzten. Sie haben Angst, durch die Wahrheit eine Dynamik in Gang zu setzen, die sie nicht mehr kontrollieren können und die nicht das von ihnen favorisierte Ergebnis bringt.

Doch am Ende ist es wie mit einer Verspannung im Rücken: Der Körper findet schnell eine Schonhaltung, in der die Verspannung wenig oder keinen Schmerz erzeugt. Und so können wir ganz schön lange und ohne große Einschränkungen mit unserer Verspannung leben. Aber die Schonhaltung macht die Verspannung nicht nur nicht besser, sondern sie macht auch an anderen Stellen etwas kaputt, weil die Schonhaltung keine natürliche, gesunde Haltung ist. Wir werden insgesamt krumm und schief, und irgendwann müssen wir zum Osteopathen oder zur Orthopädin.

Wer den Mut aufbringt, keine Schonhaltung einzunehmen, sondern die Wahrheit mitzuteilen, merkt einerseits, wie gut es tut, sie auszusprechen. Und andererseits, wie überraschend wenig schlimm es ist, in einer liebevollen, entspannten und sicheren Atmosphäre die wahren Gefühle, Ängste und Sehnsüchte des Gegenübers zu erfahren.

Das gilt sowohl für Alltagsbedürfnisse (Wann ist die Wohnung sauber genug? Wer sollte sich wie an der Familienorganisation beteiligen? Wer braucht wie viel Nähe oder Raum für sich?) als auch für alles, was sich im Bett (oder auf dem Küchentisch, oder wo auch immer ihr Sex habt) abspielt.

Welche Paare reden schon miteinander darüber, mit wem sie gerne einmal schlafen würden? Oder welche Kolleg:innen und Freund:innen sie sich bei der Selbstbefriedigung vorstellen? Oder manchmal sogar beim Sex mit dem Lieblingsmenschen. Geschockt? Seid ehrlich: Ihr tut das doch selbst immer wieder! Denkt ihr echt, ihr wärt die Einzigen? Überraschung: Jede:r tut das! Auch euer Lieblingsmensch! Er:sie hat nur dieselbe Angst es zuzugeben wie ihr.

Wie befreiend ist es, es nicht als Geheimnis mit sich herumschleppen zu müssen! Überhaupt: Geheimnisse in Partnerschaften werden gerne verklärt als gesunde Individualität. Als die Unabhängigkeit voneinander, die das Paar davor bewahrt, in eine Symbiose zu verschmelzen und sich selbst völlig im »Wir« zu verlieren. Eigenständige Persönlichkeiten zu bleiben, ist auf jeden Fall unabdingbar für jede Beziehung. Aber Geheimnisse sind, unserer Erfahrung nach, der falsche Weg dahin. Wir müssen uns nicht jedes Detail unseres Lebens erzählen. Aber wir erzählen uns alles Wichtige, was das Miteinander berührt und sind bereit, auch alles andere zu sagen, wenn wir einander danach fragen.

Viele Paare haben das nicht eingeübt. Sie sprechen nicht miteinander über ihre Bedürfnisse und schaffen keinen Raum, der es ermöglicht, ehrlich miteinander zu sein. Sie kennen das auch meist nicht von ihren Eltern oder Freund:innen. Männer reden miteinander über ihre Frauen, Frauen miteinander über ihre Männer, aber so häufig reden die Partner:innen nicht miteinander über ihre Beziehung.

Euch geht es auch so und ihr wollt das ändern? Der leichteste Weg ist, euch ein neues Möbelstück in eurer Beziehung anzuschaffen: den »reinen Tisch«. Wenn er zu eurem Inventar gehört, sagt ihr zueinander: Ich erlaube dir, jederzeit »reinen Tisch« zu machen, ohne dass ich dir böse deswegen bin und ohne, dass ich dir das Gesagte vorhalte. Egal, was es ist – eine »Beichte« oder ein Bedürfnis, das wir hegen und uns bisher nicht auszusprechen trauten, oder etwas, das uns am anderen ärgert – am reinen Tisch ist Platz, alles zu sagen, ohne Angst davor, dass der Abend eskalieren könnte. Das verlangt allen viel ab: sowohl der Person, die den Mut aufbringt, etwas zuzugeben, als auch der Person, die zuhört und versprochen hat, damit sachlich und konstruktiv umzugehen.

Allein die Tatsache, dass ihr euch nichts im Streit oder zwischen Tür und Angel um die Ohren haut, oder eine:r etwas in einem ungünstigen Moment selbst herausfindet, ist schon die halbe Miete. Probiert es aus, ihr werdet es spüren!

Empfehlung 2: Seid euch treu!

Huch! Wir schreiben in einem Buch gleichzeitig über Treue und über nicht monogame Beziehungen? Ja, natürlich. Denn gegenseitige Treue ist für jede Beziehung zentral. Doch Treue hat nichts mit Exklusivität zu tun. Vielleicht überrascht euch die Definition von Treue, wie sie auf Wikipedia zu finden ist: »Treue (Mittelhochdeutsch »triūwe«, Nominalisierung des Verbs »trūwen«: fest sein, sicher sein, vertrauen, hoffen, glauben, wagen) ist eine Tugend, welche die Verlässlichkeit eines Akteurs gegenüber einem anderen, einem Kollektiv oder einer Sache ausdrückt. Im Idealfall basiert sie auf gegenseitigem Vertrauen beziehungsweise Loyalität.«

Es geht also um Verlässlichkeit. Wenn wir untreu sind, dann entsprechen wir nicht dem Wesen dessen, was wir versprochen haben.

Am allerwichtigsten ist es, zuerst uns selbst treu zu sein. Im Einklang mit uns und unserem Wesen zu leben. Uns nicht zu verbiegen. Echt zu sein. Ehrlich zu uns selbst zu bleiben. Nur wenn wir uns selbst treu sind, können wir auch treu sein in der Verbindung mit den Menschen um uns herum. Dabei ist es egal, ob wir es mit Liebespartner:innen, Freund:innen, Kolleg:innen oder Geschäftspartner:innen zu tun haben. Treue erfordert, immer wieder abzugleichen, wie die Beziehungen zu anderen (oder zu uns selbst) gestaltet sein sollen, was wir brauchen, was die anderen brauchen, was authentisch ist. Es bedeutet, sich abzusprechen und anschließend treu dazu zu stehen. Also verlässlich und loyal zu sein.

Treue hat also nichts mit Exklusivität zu tun, sondern mit der Qualität der Verbindung. Ich kann viele Freund:innen haben oder als Geschäftsinhaber:in viele Geschäftspartner:innen. Und trotzdem kann ich den Einzelnen gegenüber treu sein. Wir sind hoffentlich alle verlässlich und loyal gegenüber unserer Familie, unseren Kolleg:innen oder Geschäftspartner:innen.

Polyamorie heißt, mehrere Menschen nicht nur als Freund:innen, sondern als (romantische) Partner:innen zu lieben und zu ehren, verlässlich und loyal zu sein. Das erfordert viel Reflexion, Kommunikationskompetenz, Demut und Augenhöhe. Vor allem erfordert es, das Gegenüber nicht als Besitz zu sehen, sondern als jemanden, der:die aus Liebe und freien Stücken treu zu dir steht, und den Mut zu haben, darauf zu vertrauen.

Wenn du mit deinem:deiner (Ehe-)Partner:in den Konsens hast, dass eure Verbindung nicht exklusiv ist und ihr mehrere Personen lieben könnt (und das auch kommunikations- und vertrauensmäßig hinbekommt), dann seid ihr euch treu, obwohl eure romantische und sexuelle Zuneigung nicht exklusiv ist. Vielleicht seid ihr euch durch das Plus an Kommunikation und Bewusstheit sogar noch treuer als vorher.

Empfehlung 3: Lernt zu vertrauen!

Ja, lernen. Wir hätten auch schreiben können: Vertraut euch. Aber für die meisten von uns ist es eine echte Herausforderung, einem Menschen komplettes Vertrauen entgegenbringen zu können.

Wir haben bereits früh gelernt, dass Menschen uns immer wieder verletzen: Als Einjährige, deren Mama uns dieses eine Mal in größter Not im Stich gelassen hat (obwohl sie nur kurz um die Ecke gegangen war, während uns unser geliebter Schnuller aus dem Mund gerutscht ist). Als AchtJähriger, dessen erster Schwarm nach zwei Wochen Schluss gemacht hat. Als 16-Jährige, die sich an die Clique anpassen musste, um dabei sein zu können, aber eigentlich gar nicht so sein wollte.

So legen wir uns unsere Rollen zurecht und sind sehr darauf bedacht, wem wir uns wie zeigen. Unser innerstes Fühlen gehört uns allein. Manche Gedanken kennt niemand. Und was wir tun, wenn niemand dabei ist, bleibt unser Geheimnis.

Wir lernen in unserer Welt viel zu schnell die Wichtigkeit des Rollenspiels und viel zu langsam die Relevanz von Beziehungen, in denen wir ganz wir selbst sein dürfen.

Damit wir in einer Beziehung ganz wir selbst sein dürfen, benötigen wir mit diesem Menschen einen sicheren Raum. Den schafft kein bestimmter Rahmen, schon gar kein rechtlicher, kein besonderes Ritual, keine abgehakte Checkliste. Es ist eine Haltung. Wir können uns bei einem wildfremden Menschen, den wir vor einer Stunde kennengelernt haben, sicherer fühlen als bei unserem langjährigen Ehegatten. Was uns Sicherheit vermittelt und uns auch tatsächlich gibt, ist eine ganz bestimmte Sicht auf das Miteinander von Menschen. Es ist die tiefe Überzeugung, dass eine gute Beziehung großes Vertrauen braucht.

Man sagt, Vertrauen muss man sich dadurch verdienen, dass man sich immer wieder als verlässlich erweist. Doch kann man sich Vertrauen wirklich verdienen? Wenn ich auf die Zuverlässigkeit einer Person baue, von der ich aus Erfahrung weiß, dass sie zuverlässig ist – ist das dann nicht eine rationale Einschätzung? Einem Stuhl, den ich als Schreiner selbst gebaut habe und von dem ich ganz genau weiß, dass er mich trägt, wenn ich mich daraufsetze, brauche ich auch nicht zu vertrauen. Ich weiß, dass er hält. Das Gegenteil von Vertrauen ist nicht Misstrauen, sondern Gewissheit.

Vertrauen ist deshalb immer Vorschuss, immer Wagnis. Sonst ist es kein Vertrauen. Vertrauen ist gefährlich. Vertrauen ist Risiko. Oder wie Margit Osterloh und Antoinette Weibel, Organisationsentwicklerinnen an der Uni Zürich, es nennen: »Vertrauen ist der Wille, sich verletzlich zu zeigen.«

Wenn wir unserem Gegenüber vertrauen, dann machen wir das, obwohl wir wissen, dass wir enttäuscht oder verletzt werden könnten. Dieses Vertrauen ist ein Sich-selbst-Ausliefern, aber es bleibt, sofern es kommuniziert wird, nicht ohne

Wirkung. Die Vertrauensenergie verändert etwas im Gegenüber. Wenn wir einer Person vertrauen, wird ihr Verhalten von einer puren Handlung zu einer Beziehungsangelegenheit erhoben. Wenn uns vertraut wird, möchten wir das Vertrauen normalerweise nicht enttäuschen. So wird unser Handeln um eine Beziehungsdimension erweitert.

Zu vertrauen ist deshalb sehr mächtig. Sobald eine:r von euch zum Gegenüber sagt »Ich vertraue dir«, kann das Gegenüber nichts mehr machen, was dieses Vertrauen enttäuschen würde, ohne dass sich zumindest das Gewissen meldet. Doch das Gewissen ist keine harte Mauer, sondern nur ein (manchmal etwas schüchternes) Stoppschild. Wenn wir es ignorieren, können wir trotzdem weitermachen und so das in uns gesetzte Vertrauen tatsächlich enttäuschen. Aber es verändert uns, wenn uns jemand in die Augen schaut und uns das Vertrauen ausspricht.

Ist es da nicht verwunderlich, dass es in unserer Gesellschaft gang und gäbe ist, enttäuschtes Vertrauen mit der Aufkündigung der Beziehung zu sanktionieren? Egal ob im Business oder im Privaten: Wir tun so, als ob Vertrauen gleich Sicherheit wäre, und wenn jemand dieses Vertrauen enttäuscht, behandeln wir es wie eine Straftat. Das Paradebeispiel: der Seitensprung. Fliegt er auf, folgen die meisten Betrogenen demselben Muster: Sie sind gekränkt, verbittert und als scheinbar unausweichliche Folge trennen sie sich. Oft ist nicht einmal mehr ein tieferes Gespräch möglich.

Wenn unser Vertrauen aber nicht von vornherein davon ausgeht, auch enttäuscht werden zu können: Hatten wir dann dem Gegenüber tatsächlich unser Vertrauen geschenkt? Oder hatten wir erwartet, dass er oder sie einfach nach unseren Vorstellungen und Vereinbarungen funktioniert? Wenn es Vertrauen gewesen sein soll, wäre es dann nicht angemessener, mit der Person nach einem Vertrauensbruch ins Gespräch zu gehen und ihn auf der Beziehungsebene zusammen zu beleuchten?

Relevant ist nicht, ob jemand dein Vertrauen enttäuscht. Relevant ist, wie er oder sie anschließend damit umgeht. Wenn Vertrauen die Handlung mit der Beziehungsdimension verknüpft, dann muss unser Blick auch von der Handlung auf die Beziehungsebene gehen: Wie sieht sie jetzt aus? Könnt ihr euch in die Augen sehen und miteinander traurig sein, vielleicht sogar heulen? Kann dein Gegenüber deinen Schmerz nachfühlen? Könnt ihr zusammen die Gründe beleuchten und erkennen, wie es das nächste Mal oder ganz generell in Zukunft anders laufen kann? Könnt ihr vergeben?

Die Beziehungsebene wird durch enttäuschtes Vertrauen immer verletzt. Manchmal ist ein Kratzer drin, manchmal ist sie demoliert. Aber solange sie nicht völlig zerfetzt ist, lässt sich die Beziehung immer wieder erneuern. Sie ist kein Teller, der weggeschmissen werden muss, wenn er einen Sprung hat. Sie ist ein Muskel, der sich wieder regenerieren und durch Herausforderungen sogar stärker werden kann.

Wie jemand mit dem eigenen Versagen umgeht, ist relevant, weil Vertrauen auch missbraucht werden kann. Wenn Vertrauen bei jemandem kein entsprechendes Verantwortungsbewusstsein hervorruft, wenn eine Person schon von Anfang an weiß, dass sie das ihr entgegengebrachte Vertrauen zu ihrem eigenen Vorteil und zum Schaden des Gegenübers nutzen will, dann gibt es tatsächlich keine Grundlage, einander zu vertrauen. Das können wir am Umgang mit enttäuschtem Vertrauen meist gut ablesen: Wird versucht, die Tat zu rechtfertigen? Wird die Schuld uns, einem Dritten oder der Gesamtsituation zugeschoben? Oder wird die Schuld eingestanden, wird erklärt statt gerechtfertigt? Bleibt die Beziehungsebene aktiv und wird konstruktiv an einer Lösung gearbeitet? Das sind manchmal feine Unterschiede, aber meistens erkennen wir die Intention ganz gut. Spätestens, wenn derselbe Vertrauensbruch mehrmals passiert, trennt sich die Spreu vom Weizen.

Ist es viel verlangt, wenn wir euch bitten, euch bewusst

zu vertrauen? Euch zu vertrauen, dass ihr euch die Wahrheit sagt? Dass ihr euch nichts Böses wollt und nichts böse meint? Dass ihr immer nach bestem Wissen und Gewissen handelt?

Ja, das ist viel verlangt. Aber nicht zu viel. Denn die Belohnung ist groß. Die Belohnung ist eine Beziehung, in der ihr euch sicher fühlen könnt. Nicht vor Verletzungen. Die können immer passieren, denn wir sind fehlbare Menschen. Aber davor, dass ihr vor eine Mauer rast, wenn etwas anders läuft als besprochen und geplant. Davor, dass ihr den Respekt eures Lieblingsmenschen verliert, weil ihr ihnen euer dreckiges Innerstes zeigt. Davor, dass die Beziehung zu Ende ist, weil ihr einen Fehler zugebt. Davor, überhaupt etwas voreinander zurückhalten zu müssen.

Trotz unserer Krise und all der guten und nicht so guten Erfahrungen, die wir bisher mit Menschen gemacht haben, entscheiden wir uns immer wieder ganz bewusst, Menschen weiter Vertrauen zu schenken. Vielleicht sind wir an manchen Stellen vorsichtiger oder schauen genauer hin. Aber wir wollen jedem Menschen weiterhin einen Vertrauensvorschuss geben. Wir würden viel Gutes und Wunderbares verpassen, wenn wir uns in eine Vorsichtsposition zurückziehen und immer darauf schielen würden, wann wir wohl das nächste Mal enttäuscht werden. Dann würden wir uns vieles nicht trauen. Wir wollen uns aber trauen. Wir wollen Menschen trauen.

Das ist echte Freiheit! Apropos:

Empfehlung 4: Gebt euch Freiheit!

Wer mit dem Zug nach Köln fährt und aus dem Fenster sieht, sieht es am Gitter des Brückengeländers hängen: das endlose Meer an Liebesschlössern. Mit dieser Tradition besiegeln Liebende ihre Verbindung. Sie lassen auf ein

Vorhängeschloss ihre Namen eingravieren, schließen es an eine Brücke und werfen den Schlüssel in den Fluss. Auch in vielen anderen Städten hängen die Schlösser, teilweise sehr zum Ärger der Stadtverwaltungen. In Venedig zahlt 3000 Strafe, wer dabei erwischt wird, eines an einer der Brücken anzubringen.

Immer, wenn wir an solchen Liebesschlössern vorbeigehen, schaudert es uns. Wir verstehen die Symbolik dahinter und dass es romantisch erscheint, sich ewige Liebe zu versprechen. Ewige Liebe ist großartig! Aber ist es nicht ein brutales Bild, Liebe mit einem Schloss zu besiegeln, mit etwas, das für Einsperren und Gefangenschaft steht? Wir wissen: Man kann auch »Sicherheit« dazu sagen. Aber was ist der Preis dieser Sicherheit, wenn ich den Lieblingsmenschen an mich ketten muss? Ist die Liebe so schwach, dass er nicht freiwillig bei mir bleiben würde?

Konfuzius wird das Zitat zugeschrieben: »Was du liebst, lass frei. Kommt es zurück, gehört es dir – für immer.« In diesen Worten liegt eine tiefe Wahrheit. Liebe kann nicht festgehalten und »gesichert« werden. Liebe ist ein dynamisches Beziehungsgeschehen, das sich zwischen Menschen entspinnt und das man am Leben halten kann. In Ketten legen aber kann man es nicht.

Liebe ist die tiefe Verbindung von zwei Menschen, die Spannung zwischen ihrem Sein, das leise und aufregende Knistern. Liebe ist Dialog und Gegenseitigkeit. Sie ist etwas, was zwischen Individuen »passiert«. Sie zieht ihre Energie aus der gemeinsamen, aber nicht immer synchronen Bewegung: Wie der Tanz der Tanzenden, dessen Schönheit aus dem Wechselspiel von Gleichtakt und eigenen Wegen, von Nähe und Distanz, von Geschwindigkeit und Innehalten, von Festhalten, Loslassen und wieder Zueinanderkommen besteht.

Liebe ist ein Tanz. Sie braucht Raum und Weite. In Gefangenschaft geht Liebe ein. In Freiheit lodert sie auf.

Sich gegenseitig Freiraum geben zu können, hängt eng mit dem Maß an Vertrauen zusammen, das ihr zueinander habt. Deshalb ist Vertrauen so wichtig. Ohne Vertrauen kein Freiraum. Ohne Freiraum keine dauerhafte, gesunde Liebe.

Freiraum muss dabei nicht gleich heißen, dass ihr Sex mit anderen habt. Auf der anderen Seite reden wir auch nicht von Selbstverständlichkeiten wie der, euch nicht gegenseitig zu kontrollieren oder hinterherzuspionieren. Falls ihr schon einmal heimlich das Handy des Lieblingsmenschen gecheckt habt: Lasst es! Das geht gar nicht.

Freiraum ist mehr. Es bedeutet, dem Gegenüber das Eigene zu lassen: von Zeit für Hobbys bis hin zu engen Freundschaften. Auch zum anderen Geschlecht. Sexuell nicht exklusive Paare brauchen sich dabei natürlich überhaupt keine Sorgen zu machen. Aber auch exklusive Paare brauchen das nicht, sofern sie den Mut zur Wahrheit und zum gegenseitigen Vertrauen haben. Was kann schon passieren? Schlimmstenfalls, dass ihr ein Gespräch habt und gemeinsam überlegt, wie ihr in Zukunft anders handeln könntet.

Wir können euch aus Erfahrung sagen: Dieses Vertrauen wird vielfach belohnt.

Wenn es euch schwerfällt, einander loszulassen, vielleicht weil eure Hoffnung zu klein ist, dass eure Verbindung bleibt, dann erinnert euch daran: Ihr liebt euch freiwillig! Niemand hat euch dazu gezwungen. Und niemand kann euch zur Liebe zwingen. Nicht einmal das pinkeste Liebesschloss.

Empfehlung 5: Freut euch gemeinsam!

Mitfreude? Ist das nicht selbstverständlich? Naja, es sollte selbstverständlich sein, aber wenn wir ehrlich sind, tendieren wir dazu, letztendlich auf unser eigenes Wohl zu gucken. Mit dem Steinzeitmenschen in uns ist das nicht zu erklären, denn sie waren existenziell darauf angewiesen, dass es der Sippe gut ging. Ohne funktionierendes soziales Miteinander war man auf verlorenem Posten. Die Gruppe war alles. Individualität war vermutlich nur ganz am Rande ein Thema, wenn überhaupt.

Heute verstehen wir uns als eigenständige Individuen mit eigenen Bedürfnissen und einem freien Willen, die tun und lassen, was sie wollen, solange sie niemandem anderen damit schaden. Allein zu leben, ist heute kein trauriges oder gar lebensbedrohliches Schicksal mehr, sondern für viele Ausdruck von Freiheit und Souveränität.

Das ist auf jeden Fall eine gute Errungenschaft unserer Zeit. Es ist gut, dass wir nicht mehr von der Sippe abhängig sind und jede:r von uns auf eigenen Füßen stehen und das Leben meistern kann. Wir sind Fans von Freiheit – klaro.

Vermutlich ist gerade dadurch der Blick auf das Gegenüber heute wichtiger denn je. Denn wir hängen oft dazwischen: Auf der einen Seite sind wir stolz auf unsere Individualität. Auf der anderen Seite sind wir soziale Wesen und brauchen die Gemeinschaft mit anderen. Manchmal besteht in unserer westlichen Gesellschaft die Tendenz, die Gemeinschaft mit anderen Menschen diene nur dem Zweck, uns selbst glücklich zu machen. Ja, dazu dient sie ganz sicher auch. Aber was wir unserem Eindruck nach verlernt haben, ist das aufrichtige Mitfreuen über das Glück des anderen.

Vor allem in Partnerschaften ist das deutlich zu sehen. Wenn einer Person etwas Gutes geschieht, das sich auf die gesamte Partnerschaft auswirkt, zum Beispiel eine Gehaltserhöhung, freuen wir uns automatisch von Herzen mit. Wenn einer Person etwas Gutes passiert, dass nur ihr selbst Vorteile bringt, uns aber nicht wirklich tangiert, zum Beispiel ein schönerer Schreibtisch im Büro, ist die Mitfreude am Glück des Gegenübers meist genauso groß.

Etwas kühler wird die Mitfreude bereits, wenn unserem Lieblingsmenschen etwas Gutes geschieht, das wir als potenzielle Bedrohung für uns wahrnehmen – zum Beispiel ein hübscher und lustiger neuer Kollege, mit dem die Arbeit gleich doppelt so viel Spaß macht. Eigentlich sind tolle Arbeitskolleg:innen ja noch viel besser als schickere Schreibtische. Müssten wir da nicht mitjubeln? Aber auch, wenn wir nicht zur Eifersucht neigen, regt sich in vielen von uns – wenn wir ehrlich sind – zumindest im ersten Moment die Vorsicht vor einer Bedrohung, die unser Mitfreuen dämpft. Wenn sich unsere Partnerin dann tatsächlich in den Kollegen verliebt, ist für das Gros der Menschen der Ofen ganz aus. Und machen wir uns nichts vor: Selbst die meisten Menschen, die sich ganz bewusst für eine offene Beziehung entschieden haben, kämpfen an dieser Stelle mit ihren Emotionen.

Eine echte Herausforderung ist für die meisten Menschen die aufrichtige Mitfreude, wenn dem Lieblingsmenschen etwas Gutes passiert und wir dadurch zurückstecken müssen; wenn zum Beispiel im monogamen Kontext jemand die Beziehung mit uns beendet, weil er eine neue Partnerin gefunden hat, die ihn viel, viel glücklicher macht. Die Beendigung der Beziehung wegen einer neuen ist im alternativen Kontext nicht nötig. Aber selbst, wenn wir nur gefühlt den Fokus unseres Lieblingsmenschen mit der neuen Person teilen müssen und sich sonst gar nichts ändert, ist das für uns oft schmerzlich.

Warum ist das eine für uns schmerzlich, aber wenn unsere beste Freundin einen neuen Partner findet, freuen wir uns mega mit? Vielleicht, weil uns unser Glück mehr am Herzen liegt als das des Gegenübers?

Ganz so schwarz-weiß würden wir es nicht sehen: Wir sind Wesen mit tiefen Bedürfnissen, die das Recht haben, gestillt zu werden. Dazu gehört die Aufmerksamkeit und Liebe anderer Menschen, und allen voran die unseres Lieblingsmenschen. Müssen wir bei der Stillung dieser Bedürfnisse zurückstecken, dann ist das ein legitimer Grund, darüber traurig zu sein. Trauer darf und sollte ihren Platz finden, wenn sich dieses Gefühl bei uns einstellt. Es zu ignorieren oder uns darüber zu ärgern, bringt uns nicht weiter, sondern verhärtet unser Herz. Wenn wir den Blick aber von uns weglenken, hin auf das Gegenüber, das wir lieben: Ist es dann nicht das Schönste, was passieren kann, dass wir unsere eigene Einschränkung gerne hinnehmen, um dem Glück unseres Lieblingsmenschen nicht im Weg zu stehen? Dass wir uns aufrichtig am Glück des Gegenübers mitfreuen?

Solche Selbstlosigkeit ist uns zugegebenermaßen nicht in die Wiege gelegt. Kleine Kinder sind oft selbstlos – bis sie erleben, dass ihnen etwas weggenommen wird und sie ohne etwas dastehen. Schnell verfestigt sich dann in uns die vermeintlich kluge Lebensweisheit: Wenn ich nicht auf das achte, was mir zusteht, stehe ich doof da.

Nun sind aber alle, die diese Zeilen lesen, keine kleinen Kinder mehr, sondern erwachsene, reflektierte Menschen. Und als solche können wir differenzieren, aus welchen Motiven heraus wir wie handeln. Und auch, wenn die alten Muster immer wieder durchkommen: Es lohnt sich, ihnen zu widerstehen und der Liebe Raum zu geben. Es lohnt sich, uns mit unseren Partner:innen mitzufreuen über das Gute, das ihnen widerfährt, egal, ob es eine Gehaltserhöhung ist oder eine tolle neue Person in ihrem Leben.

Wie das gelingen kann? Dafür gibt es kein Rezept. Es ist eine Haltung, die man einüben kann und die mehr und mehr gelingt. Wahrscheinlich steckt darin das Geheimnis bedingungsloser Liebe. Wahrscheinlich basiert sie auf dem Vertrauen, dass eine solche Haltung nicht nur ein großes Zeichen ist, sondern uns auch selbst Frieden bringt. Und es hat sicherlich auch etwas mit der Empfehlung Nummer 4 zu tun: Gebt euch Freiheit! Denn Liebe gibt Freiheit. Und Freiheit stärkt die Liebe.

Eines ist uns wichtig: Uns mit dem Glück des Gegenübers mitzufreuen, bedeutet nicht, uns ausnutzen zu lassen! Diese Haltung muss beidseitig sein, sonst wird sie schief und ungesund. Sobald eine Seite sie zu ihrem Vorteil ausnutzt, ohne bereit zu sein, dasselbe auch andersherum zu tun, muss dieses Ungleichgewicht geklärt werden.

Und zuletzt:

Empfehlung 6: Holt euch immer das Ja!

Das englische Wort *Consent* könnte man im Deutschen als *gegenseitiges Einverständnis* übersetzen. In einer Beziehung sollten immer alle Beteiligten mit allem einverstanden sein, was sie zusammen machen. Das klingt erst einmal logisch. Alles andere wäre doch Gewalt, oder nicht? Ja, korrekt, wenn es so offensichtlich ist. Aber meist ist es nicht so offensichtlich. Und es geht um weit mehr als um Sex!

Im sexuellen Kontext hat sich in den letzten Jahren durch verschiedene Gesetzesänderungen in europäischen Ländern und damit verbundenen Diskussionen eine Haltung durchgesetzt: »Kein Nein ist kein Ja«, oder »Nur Ja heißt Ja«. Rechtliche Vorreiter waren die Schweden, die seit 2018 per Gesetz Vergewaltigung nicht mehr als aktive Ablehnung definieren, sondern als Fehlen einer aktiven Zustimmung zum Sex. Und das natürlich auch in bestehenden Partnerschaften.

Die Aufregung in den sozialen Medien war groß. Man(n) hatte Angst, stets mit einem Bein im Gefängnis zu stehen, sobald man Sex hat. Doch die Angst hat sich als unbegründet herausgestellt. Klar, denn Zustimmung zum Sex sollte doch eine Selbstverständlichkeit sein.

»Das schwedische Parlament zeichnet ein Bild von einer Welt, in der Sexualpartner aufeinander achten und sich vergewissern, dass der andere auch will, was man gerade macht. So, wie es bei sexuellen Begegnungen immer sein sollte«, schrieb damals die Journalistin Sylvia Steinitz in ihrer stern.de-Kolumne treffend.

Niemand sollte gegen den eigenen Willen Sex haben, nur weil man nicht rechtzeitig »Nein« sagen konnte. Dazu fehlt manchmal die emotionale Kraft. Oder man möchte dem Gegenüber durch eine Zurückweisung nicht wehtun. Oder man fürchtet, eine bereits belastete Beziehung weiter zu gefährden. Es gibt tausend Gründe, nicht »Nein« zu sagen, obwohl man nicht »Ja« sagen würde.

Aber es geht nicht nur ums Äußerste: Der Bettalltag keines Paares besteht aus Dauererektion und Non-Stopp-Eisprung. Stress, ein voller Kopf, ein schwelender Konflikt oder nicht der richtige Hormoncocktail: Dass beide häufig gleichzeitig Lust haben, ist (jenseits der ersten Schmetterlinge) vermutlich eher die Ausnahme. Immer wieder wird es so sein, dass die Lust zunächst einseitig ist und wir uns anschicken, unser Gegenüber zu umgarnen, zu erregen und heiß zu machen. Das erotische Spiel gehört zu gutem Sex. Manchmal wird dabei die Lust geweckt, manchmal nicht. Und manchmal lassen wir uns darauf ein, auch wenn wir gerade lieber unsere Ruhe hätten. Das kann okay sein oder gerade eben nicht mehr. Es ist ein schmaler Grat zwischen Lust wecken und das fehlende »Nein« des Gegenübers ausnutzen, um letztendlich uns selbst am Gegenüber zu befriedigen (was auch mal geil sein kann – Einverständnis vorausgesetzt).

Im Kern geht es um etwas ganz Einfaches: aufeinander zu achten, statt nur an das eigene Glück zu denken. Und darum, die eigene momentane Lust nicht selbstverständlich auch beim Gegenüber vorauszusetzen. Es ist eine Grundhaltung, die viel verändert.

Der Konsens muss dabei nicht verbal sein. Körpersprache kann sehr klar und zugleich höchst anregend sein, vor allem, wenn man sich gut kennt und die Sensibilität füreinander da ist. Aber genauso muss auch der respektvolle Raum für ein »Nein« bestehen, in welcher Form auch immer es geäußert wird. Und das, ohne Sorge haben zu müssen, dass der andere uns diese freie Entscheidung übelnimmt. Wenn wir alle davon ausgingen, dass uns nichts »zusteht«, sondern wir einander Sexualität freiwillig schenken, dann wären Schlafzimmer (und Küchentisch) ganz schnell (noch) bessere Orte. Nichts anderes wollten die Schweden erreichen.

Weder Frischverliebten noch langjährigen Paaren tut am Ende die Frage weh: Möchtest du? Ist das okay? Gefällt dir das? Mit diesen Fragen kann man üben, einander zu vertrauen, ehrliche Antworten zu bekommen – und geben zu dürfen. Wer befürchtet, eine Abfuhr zu bekommen, sollte die Frage umso dringlicher stellen. Denn dann ist die Situation scheinbar doch nicht so eindeutig und Sex ist vielleicht heute einfach nicht dran. Für diese Nacht mag man leer ausgehen, der Beziehung aber wird es guttun, einander in Lust und Unlust wertzuschätzen und für den gemeinsamen Spaß immer ein klares, gemeinsames »Ja« zu haben. Das macht gute Beziehungen aus. Und guten Sex. Selbstverständlich. Nicht nur in Schweden.

Dasselbe gilt auch für alle anderen Bereiche einer Beziehung: Wenn beide fröhlich dem zustimmen, was im Kontext der Beziehung geschieht (oder zumindest grünes Licht geben), ist alles wunderbar. Wenn in einer Beziehung Sand ins Getriebe gerät, dann liegt das häufig daran, dass eine:r nicht hundertprozentig glücklich mit etwas ist, was das Gegenüber macht oder was beide gemeinsam machen. Das ist selten so schlimm, dass man sofort »Halt!« schreien möchte. Aber irgendetwas stört. Wenn sich diese Störungen wiederholen und nicht angesprochen werden, wenn keine Möglichkeit gesucht wird, wie alle d'accord sind, dann setzt sich der Sand immer stärker fest – und irgendwann kracht es.

Dabei sprechen wir in erster Linie nicht über die »große Sachen«. Diese sorgen meist aufgrund ihrer offensichtlichen Relevanz von allein für ein klares Gespräch. Wir reden über die kleinen und mittelwichtigen Angelegenheiten des Zusammenlebens, die man gern auch mal aushält: ob Biogemüse gekauft wird oder das billigste, gespritzte Gemüse. Ob man seine Sachen aufräumt oder liegen lässt. Wie man einander antwortet. Wie viel Zeit man womit verbringt. Aber vielleicht auch, mit wen man sich so trifft.

Jede Beziehung kennt Themen, die unausgesprochen bleiben, weil sie nicht relevant genug erscheinen, um sie zu äußern. Oder die wir »aushaltbar« finden – sie sind nichts, weswegen man eine große Diskussion riskieren will. Das ist auch erst mal in Ordnung, denn man muss nicht wegen jeder Kleinigkeit aneinander herummäkeln. Aber wenn wir uns selbst beobachten und merken, dass sich Ärger aufstaut, dann wird es höchste Zeit zu handeln und anzusprechen, was uns bewegt. Bevor der Sand sich festsetzt.

Natürlich ist das leichter gesagt als getan. Angst vor einem unfruchtbaren Streit ist vermutlich der häufigste Grund, etwas für sich zu behalten, obwohl es angesprochen werden sollte.

Was wäre, wenn es einen Weg gäbe, Unstimmigkeiten zwischen euch friedlich und konstruktiv anzusprechen? Sodass sich am Ende nicht zwei Standpunkte gegenüberstehen, sondern ihr zusammen herausfindet, wie ihr beide mit diesem Thema glücklich sein könntet? Genau dabei hilft das Konzept des »systemischen Konsens«. Es wird bei der Entscheidungsfindung von Gruppen (häufig in alternativen Projekten und Start-ups) benutzt und geht davon aus, dass es keine Mehrheitsentscheidung braucht, sondern dass alle Entscheidungen einstimmig gefällt werden. Der Grund: Bei einer Mehrheitsentscheidung gibt es immer Verlierer, nämlich diejenigen, die anderer Meinung sind als die Mehrheit. Logisch. Ist es für eine Gruppe gut, wenn es Verlierer gibt? Nein! Denn die sind nicht motiviert, die Entscheidung umzusetzen, gegen die sie ursprünglich waren. Der »systemische Konsens« sorgt dafür, dass jede einzelne Person zustimmt und die gefundene Lösung dadurch sogar noch besser wird.

Geil, oder? Es ist sogar ganz einfach: Wenn ein Vorschlag im Raum steht, wird nicht wie üblich mit »Ja« oder »Nein« abgestimmt. Stattdessen wird von allen der persönliche Widerstand gegen den Vorschlag abgefragt: Hat jemand großen Widerstand, geringen Widerstand oder gar keinen? Oder mit anderen Worten: Ist jemand sehr dagegen, ein bisschen oder gar nicht?

Jetzt kommt die Magie: Sobald jemand Widerstand anmeldet, wird die Person gefragt, wie der Widerstand auszuräumen wäre. Die Person kann jetzt konstruktiv ausführen, was nötig wäre, um den eigenen Widerstand gegen den Vorschlag auf null zu senken. Im Gespräch entwickelt sich ein neuer Vorschlag, für den wiederum der Widerstand abgefragt wird – bis es keinen mehr gibt.

So kommt am Ende meistens eine noch bessere Lösung heraus, mit der alle Beteiligten zufrieden sind und die dem Gemeinsamen mehr dient, als wenn sich nur die Mehrheit durchgesetzt hätte. Am Ende steht ein »Ja« von allen.

Übertragen auf Beziehungen besteht die »Mehrheit« oft aus der lautesten oder sprachmächtigsten Person, richtig? Ihr argumentiert, und am Ende setzt sich die Person durch, die mehr und komplizierter labern kann. Auch in Beziehungen ist es schlecht, wenn es Verlierer gibt, etwa die Person mit dem stärkeren Hang zur Harmonie. Sie gibt kleinlaut bei, weil sie keinen Streit will. Das Thema aber bleibt ungeklärt, der Sand im Getriebe ist immer noch da. »Mehrheitsentscheidungen« funktionieren im Beziehungskontext nicht, auch wenn sie in vielen Beziehungen de facto Alltag sind.

Wenn ihr dem entgehen wollt, sucht den (systemischen) Konsens. Wenn dein Lieblingsmensch immer die Socken liegen lässt, dann ruf das nächste Mal nicht sarkastisch durchs Haus, was für ein Saustall das hier sei und ob er unfähig wäre, seine Wäsche wegzuräumen. Setze dich stattdessen mit ihm zusammen, benenne, warum es dich stört, und frage ihn, was seinen Widerstand dagegen auflösen würde, die Socken sofort wegzuräumen. Und sei gespannt auf die Antwort!

Natürlich ist das ein albernes Beispiel. Aber die Socken oder auch die berühmte offene Zahnpastatube stehen Pars pro Toto für so viele Auseinandersetzungen in Beziehungen. Wir spüren unseren Ärger. Manchmal bellen wir Befehle quer durchs Haus, an anderen Tagen sagen wir freundlich und geduldig, was wir uns wünschen, aber es bleibt immer unsere Lösung und somit eine Einbahnstraße. Der Zauber des systemischen Konsens ist, dass das Gegenüber eingeladen wird, selbst an einer Lösung für ein Problem mitzuwirken. Allein das verringert oft schon den Widerstand enorm.

Also: Statt euch Vorwürfe an den Kopf zu knallen, fragt euren Lieblingsmenschen, was passieren müsste, damit sein Widerstand fällt. Ihr werdet sehen: Dieses einfache Vorgehen führt euer Gespräch automatisch auf einen konstruktiven Pfad.

Das funktioniert auch wunderbar mit Kindern, in der größeren Familie und mit allen anderen Menschen, mit denen ihr zu tun habt. Probiert es aus!

Mit der Zeit werdet ihr ganz von selbst ein immer besseres Gespür dafür entwickeln, ob das Gegenüber mit einem Verhalten von euch ein Problem haben könnte. Ihr werdet lernen, eigenständig nachzufragen und so den Sand im Getriebe gar nicht erst entstehen lassen.

So sehen wir Beziehung. Überrascht? Wir wissen: Die Mehrheitsgesellschaft lebt anders. Aber sie tut es ja in vielerlei Hinsicht. Nicht nur, dass sie das Vögeln nur mit einem Menschen erlaubt. Sondern auch, dass sie häufig das Verdrängen von Problemen oder die Flucht in eine geheime Affäre eher akzeptiert als Transparenz, Offenheit und Freiheit. So ist bei Weitem nicht jede monogame Beziehung. Aber wenn sie es ist, dann macht uns das traurig. Vielleicht bedeutet es bereits, eine Beziehung alternativ zu leben, wenn man offen zueinander ist, miteinander im Gespräch bleibt, die Bedürfnisse gegenseitig wertschätzt und wirklich ehrlich miteinander ist.

Wir können die Mehrheitsgesellschaft nicht ändern. Und wir wollen sicher niemandem die glückliche exklusive Beziehung madig machen. Wenn ihr exklusiv glücklich seid, dann ist das wunderbar. Bewahrt es euch! Wir aber haben uns entschieden, Beziehung alternativ zu leben. Vielleicht könnt ihr nachvollziehen, warum.

IV

ZIEH DICH AUS, WIR MÜSSEN REDEN

—

WAS GUTE KOMMUNIKATION AUSMACHT

Kann Nacktsein die Beziehung retten?

☐ ja ☐ nein ☐ weiß nicht

Heute, acht Jahre nach der Kernschmelze, sind wir glücklich verheiratet und blicken staunend auf den Tag zurück, der alles veränderte. Es hätte alles auch ganz anders laufen können. Wir hätten uns anschreien und uns gegenseitig Vorwürfe machen können. Nick wurde nach Strich und Faden betrogen. Mehrfach! Hätte er nicht allen Grund gehabt, die Koffer zu packen und Sarah nie mehr wiedersehen zu wollen? Mit einer solchen Person ist doch eine Beziehung ein für alle Mal vorbei! Oder? Und weshalb hatte Sarah sich nie getraut, Nick die Wahrheit zu beichten? Hatte sich Nick nicht richtig für sie interessiert, weil er den Betrug nicht merkte?

Gab es je ein richtiges Vertrauensverhältnis? Wer weiß, was Nick verbarg? Ihr merkt: Eine gute Daily-Soap-Drehbuchautorin könnte unsere Story bis zum Exzess weiterspinnen und das Ganze in einem epochalen Knall enden lassen, bei dem wir beide uns nie mehr in die Augen hätten sehen können. Denn wenn durch den Betrug schon ein Riss ins Porzellan gekommen ist, liegt die Versuchung nahe, in der Wut alles in Scherben zu schmeißen! Die Gefühle können dann schnell überkochen. Verständlich.

Laut den gesellschaftlichen Drehbüchern hätten wir uns zum Teufel jagen, uns trennen und in einem erbitterten Rosenkrieg um das traurige Erbe unserer einst glücklichen Beziehung kämpfen müssen. Unsere Wunden hätten wir mit Freund:innen oder den nächsten Partner:innen geleckt.

Aber das kam uns falsch vor. Wir liebten uns doch. Wir waren glücklich gewesen. Wir wollten doch unsere Leben miteinander verbringen. Uns war klar: Wir wollten uns nicht von den monogamen Konventionen vorschreiben lassen, dass wir sechs Jahre glückliche Beziehung über den Haufen zu werfen haben. Wir hatten die Explosion überstanden, wir waren noch miteinander im Gespräch, wir wussten, wir liebten uns. Und wir wussten: Wir können es schaffen. Und genau dafür taten wir in den folgenden Wochen alles.

Sich zerbrechlich zeigen

Das Gebot der Stunde lautete: Reden! Reden, reden und nochmals reden. Wir wollten verstehen, was uns bewegte. Und mitfühlen, was das Gegenüber fühlte. Wir kauften uns ein kleines Büchlein, in das wir einander abwechselnd Briefe schrieben. Briefe waren schon immer ein wichtiges Kommunikationsmittel für uns gewesen. Sechs Jahre lang hatten wir uns gegenseitig zu jedem Jahrestag einen Brief geschrieben, in dem wir das vergangene Jahr reflektierten und nach vorne blickten. Das war zu einer kleinen Tradition geworden. An die konnten wir jetzt in der Krise nahtlos anknüpfen.

Unser Büchlein lag im Flur, DIN A6, karierte Seiten, schwarzer Kunstledereinband. Für Außenstehende war es unscheinbar, doch für uns bedeutete es in dieser Zeit die Welt. Wenn eine:r von uns etwas hineingeschrieben hatte, stellten wir es aufrecht auf die Kommode, was signalisierte: Es gibt etwas Neues! Wenn wir es gelesen hatten, legten wir es wieder auf die flache Seite an dieselbe Stelle.

Die Briefe waren durchtränkt von allen Gefühlen, die wir uns vorstellen konnten: Wut, Verzweiflung, Hoffnung, Liebe. Wir vereinbarten, schonungslos ehrlich zueinander zu sein und uns nichts (mehr) zu verschweigen. Auch nicht das, was wehtun könnte. Gerade das nicht. Wir erzählten uns von Tag- und Nachtträumen, von Gedankenspiralen und emotionalen Sackgassen. Wir stellten einander bohrende Fragen, die manchmal hart zu beantworten waren.

Aber in all dieser Nacktheit fanden wir uns wieder. Wir waren splitterfaserkrass. Wir ließen uns alles aneinander sehen, selbst die tiefsten Abgründe. Der Mut dafür machte allerdings auch den Blick frei für all die Schönheiten, die es an uns und unserem Miteinander zu entdecken gab. Wären wir in unserem Zorn geblieben, dann hätten wir uns nur auf das Negative fokussiert: auf die Verletzung, die Enttäuschung, das Gefühl der eigenen Wertlosigkeit. Um das zu kompensieren, hätten wir in den Wunden des Gegenübers gebohrt, um dessen Schmerz größer zu machen als unseren eigenen. Dann hätten wir uns besser gefühlt. Kurz. Sehr kurz.

Es war eine sehr zerbrechliche Zeit. Nick pflegt das Ritual, mir morgens einen Abschiedskuss zu gegeben, während ich noch in meinem Bettchen vor mich hindöse. Manchmal bekomme ich das mit, manchmal nicht. Während dieser Zeit bin ich öfter aufgewacht und habe gedacht: Hat er mir jetzt einen Abschiedskuss gegeben oder nicht? Und schon bewegte sich meine Gedankenspirale: »Wahrscheinlich habe ich keinen Kuss bekommen, weil er es nicht mehr kann und wir uns jetzt trennen müssen.« Ich musste mir für mein Wohlbefinden immer wieder von ihm die Versicherung einholen, dass er mir tatsächlich diesen Abschiedskuss gegeben hatte. So eine kleine Sache, aber doch so wichtig für mich. Das zeigt die Fragilität der Situation.

Wir waren uns keineswegs sicher, dass wir es schaffen würden. Und manchmal sogar nicht einmal, ob wir es wollten. Aber wir machten weiter. Wir hatten das Gefühl, dass das der richtige Weg war und wichen nicht aus. Wir versuchten nicht, möglichst schnell wieder heile Welt zu spielen, einander zu verzeihen und weiterzumachen wie vorher. Wir waren am Grund angekommen und fast zerschellt. Und genau dort hielten wir es aus, ganz bewusst und so lange, bis wir uns sicher waren, dass wir den Aufstieg wieder schaffen würden.

Erstaunlicherweise war genau diese Zerbrechlichkeit, in die wir uns manövriert hatten und in der wir es bewusst aushielten, der Schlüssel zur Heilung unserer Beziehung. Verliebte Menschen sehen sich ständig nackt. Aber wie oft sehen sie nur ihre Körper? Wir sahen unsere nackten Seelen. Unser Innerstes. Ohne Make-up und Puder. Mit unseren hässlichen Seiten. Wir hatten nichts mehr zu verlieren. Gerade das ermöglichte uns, grundehrlich miteinander zu sein und in dieser Ehrlichkeit wahre Schönheit zu entdecken. Sie ermöglichte es uns, eine neue Basis für unsere Beziehung zu legen und unser Miteinander darauf aufzubauen.

Einer der Schlüssel dabei war: Wir bewerteten uns nicht. Wir schrieben uns alles offen und ehrlich von der Seele, aber wir lasen das Geschriebene in einer neutralen Haltung – fast so, also ob es gar nicht um uns ginge.

Die Wahrheit muss raus

Wir versuchten, auch die harten Worte, die sich in die Texte geschlichen hatten, mit einer neugierigen Haltung zu lesen. Das war nicht immer einfach. Ein gutes Beispiel dafür ist ein Brief, den Nick ungefähr drei Wochen nach dem Knall an Sarah in das Büchlein geschrieben hatte. Die Tonlage zwischen uns war inzwischen wieder hoffnungsvoll. Im Rausch der Geschwindigkeit, mit der wir uns wieder annäherten, bat Nick darum, dass Sarah noch einmal all ihre Affären aufschrieb: Wann sie was mit wem gemacht hatte. Nick wollte alles zu hundert Prozent wissen. Für ihn war klar: Das könnte wehtun, aber er würde nur neues Vertrauen zu Sarah aufbauen können, wenn er wirklich sicher sein konnte, dass Sarah ab jetzt radikal ehrlich zu ihm war und ihm nichts mehr verheimlichte.

Sarah war hin- und hergerissen: Einerseits respektierte sie seinen Wunsch. Ihr Kopf sagte: Es geht nur so. Andererseits wusste sie genau, dass diese Liste Nick schwer treffen würde. Nick war in seinem Leben schon betrogen worden und sie wusste, wie schlimm das für ihn gewesen war. Jetzt würde sie ihm alles erzählen müssen: Nicht nur, wie sie mit anderen Männern gevögelt hatte, sondern – und das war noch viel schlimmer –, welche Lügen sie ihm erzählt hatte, um all das organisieren zu können. Sie kam sich so niederträchtig und kaltherzig vor. Sie überlegte, ob sie wirklich in allen Details ganz ehrlich sein sollte, denn sie wusste, wie tief ihn manches verletzen würde. Aber gleichzeitig wusste sie, wie viel zerstörerischer es wäre, ihm jetzt etwas zu verheimlichen. Wenn es später rauskam, dann wäre das Vertrauen endgültig und für immer gebrochen. Sie wollte auch nicht wieder in dieselben faulen Muster fallen und in dieselben dunklen Gassen treten, die sie hierhergeführt hatten. Sie wollte keine Winkelzüge mehr machen und gar nicht erst die Fundamente für weitere Lügengebäude legen. Sie wusste: Diese Wunden zu heilen, ging nur mit radikaler Ehrlichkeit.

Und so schrieb sie alles auf. Jeden Sex, jeden Kuss, jede Lüge, soweit sie sich erinnern konnte. Die Liste wurde lang. Als sie fertig war, klappte sie das Buch zu und stellte es mit klopfendem Herzen aufrecht auf die Kommode. So an der Wand lehnend, hatte es etwas Unschuldiges und vielleicht genau dadurch auch etwas Bedrohliches. Wie ein Taschendieb, der scheinbar lässig an der Wand lehnt, aber mit wachen Augen in die Straße blickt – auf der Suche nach seinem nächsten Opfer.

Als Sarah am nächsten Tag von der Arbeit nach Hause kam, war die Wohnung wider Erwarten leer. Kein Nick da. Das Buch stand immer noch auf der Kommode. Aber anders. Nick hatte es gelesen und seine Antwort hineingeschrieben. So wie es stand, drohte das schwarze Büchlein diesmal ganz unverhohlen mit dem Schlimmsten. Sarah las die Zeilen mit klopfendem Herzen:

Seitdem ich den Brief gelesen habe, bin ich rasend vor Wut. Ich hätte am liebsten alle Bilder von uns hier in der Wohnung kaputtgeschmissen. Ich spüre in mir so einen Druck, dich für die Riesenscheiße, die du mir angetan hast, anzuschreien und zu beschimpfen, obwohl ich dir nicht wehtun möchte. Aber ich habe hin- und herüberlegt, wie ich dir sagen soll, was ich dir sagen will – und ich muss es einfach so tun: Ich hasse deine scheiß Egofuckingtour! Ich habe dir immer gesagt, dass ich gerne mehr Zeit mit dir verbringen möchte. Aber du wolltest auch deine Freunde treffen, und was machst du? Du nutzt meine Gutmütigkeit und mein Vertrauen aus und triffst dich lieber mit nem anderen zum Ficken! Alter, hakt es?

Bist du wirklich so naiv und so dumm und hast gedacht, dass sowas nie rauskommt? Es ist so abgefuckt, was du mit mir abgezogen hast! Die ganze Zeit hast du unsere Beziehung aufs Spiel gesetzt und deine scheiß Lust war stärker als unsere Beziehung! Wie blöd bist du eigentlich, gerade jemanden wie mich, der zweimal betrogen wurde, so anzuscheißen? Und hilf mir mal: Du hättest doch die ganze Zeit Angst haben müssen, dass es rauskommt. Was hättest du denn gemacht?

Ich glaube an unsere Beziehung. Aber das, was du mir angetan hast, ist echt megakrass! Am liebsten würde ich sagen: Okay, Sarah, du hattest jetzt Spaß beim Rumficken, jetzt darf ich das auch mal machen. Und dann guckst du in die Röhre, oder wie würdest du das finden?

Das brodelt seit gestern in mir und musste hier jetzt einfach mal undiplomatisch raus! In deine Fresse, ohne Rücksicht auf dich, denn du hast die letzten Jahre auch keine Rücksicht auf mich genommen.

Jetzt muss ich erst mal weg und runterkommen, bevor ich wieder zu dir komme. Ich glaube an uns, so wie schon immer, seit wir zusammen sind. Ich bin so wütend und musste mir jetzt erst mal Luft machen, ohne auf dich Rücksicht zu nehmen. Weil ich das für mich einfach brauche, weil mich das sonst alles so belasten und auffressen würde. Genau das will ich aber nicht, denn ich will alles jetzt noch so machen, wie wir es besprochen haben in der letzten Zeit. Ich fahre jetzt zum Sport und dann lässt du das hier erst mal sacken und wir sehen uns nachher.

Sarah stand im Flur, das Buch in den zitternden Händen, und der Boden schien sich unter ihren Füßen aufzutun. Scheiße! Hatte sich diese Ehrlichkeit gelohnt? Sie wusste, sie hatte diese Worte verdient. Für Nicks Verhältnisse war das ein Wutausbruch allerfeinster Güte. Die Ambivalenz in Nicks Worten machte sie wahnsinnig. War er verletzt und wütend, oder glaubte er an ihre Beziehung? Wollte er ihr weh tun oder nicht? Fraß ihn die nackte Wahrheit auf oder gerade nicht?

Vorher war alles so zuversichtlich gewesen. Wäre es nicht schlauer gewesen, das zu bewahren und die Vergangenheit ruhen zu lassen, statt wieder im Dreck zu wühlen?

Heute (und eigentlich schon seit damals) wissen wir: Nein, das wäre nicht schlauer gewesen. Auf den ersten Blick hätte es vielleicht Harmonie gebracht, aber den Dreck einfach unter den Teppich zu kehren, macht die Wohnung nur vordergründig sauber. Irgendwann spürt man unweigerlich die Unebenheiten, und je höher der Dreck sich stapelt, desto leichter gerät man wieder ins Stolpern.

Nein, es war gut so! Der Weg des geringsten Widerstands ist immer verlockend und in so vielen Situationen liegt es nahe, ihn zu beschreiten – gerade, um dem Gegenüber vermeintlich nicht wehzutun. Denn das ist in den allermeisten Fällen das Motiv für die kleinen und großen Lügen des Alltags und der Beziehung: nicht Bösartigkeit, nicht der Wille, den Herzensmenschen zu verletzen, sondern im Gegenteil, ihn vor Verletzung zu bewahren. Oft ist die Liebe die Mutter der Lüge.

Aber das ist der falsche Weg. Natürlich muss nicht immer alles zu jedem Zeitpunkt allen Menschen ungefiltert vor den Latz geknallt werden. Zu guter Kommunikation gehört auch das Gespür dafür, wann der richtige Zeitpunkt ist. Aber wie man an uns wunderbar erkennen kann, kommt der »richtige« Zeitpunkt nicht immer. Oder nicht immer rechtzeitig. Bis dahin hat man die Unwahrheit immer weiter mit sich herumgeschleppt. Und jeder Tag des Verheimlichens macht es ein Stückchen schlimmer. Irgendwann stellt man sich die Frage, wann zu lange zu lange ist – und dann beißt sich die Katze in den Schwanz: Wir erzählen nichts, weil wir uns dafür schämen, dass wir so lange nichts erzählt haben.

Das Ende vom Lied ist ewiges Schweigen. Damit es gar nicht dazu kommt, ist es wichtig, alles sofort anzusprechen. Wir haben im letzten Kapitel bereits vom reinen Tisch gesprochen. Das Versprechen, euch immer alles gegenseitig beichten zu dürfen, also reinen Tisch machen zu können, gepaart mit dem Versprechen, auf das Gesagte wohlwollend zu reagieren, eröffnet euch einen Raum, alles umgehend ansprechen zu können. Ein altes Sprichwort sagt: Lass die Sonne nicht über deinem Zorn untergehen. Manchmal geht es nicht am selben Tag. Vielleicht wissen wir, dass unser:e Partner:in am nächsten Tag einen wichtigen Termin hat und kein emotionales Durcheinander gebrauchen kann. Vielleicht stehen gerade andere, noch wichtigere Themen an. Vielleicht habt ihr selbst noch nicht die richtigen Worte gefunden, um ausdrücken zu können, was euch bewegt.

Gewöhnt euch an, immer gleich bei der nächsten Gelegenheit anzusprechen, was euch in Kopf und Herz herumspukt oder zu beichten, was ihr verbockt habt -, auch wenn es euch große Überwindung kostet. Ihr werdet die Erfahrung machen, wie gut es tut, dass nichts mehr zwischen euch steht und ihr das Problem oder seine Ursachen gemeinsam angehen könnt, statt alles mit euch selbst auszumachen. Das letztere führt euch voneinander weg. Ehrlichkeit führt euch zusammen.

Gefühle wahrnehmen und teilen

Ein weiterer Schlüssel für eine gute Kommunikation war für uns das ehrliche, unverblümte, aber sachliche Mitteilen unserer Gefühle. Ein erstaunlich simpler Trick half uns, unsere eigenen Gefühle nicht zu unterdrücken, sie aber auch nicht in Handlungen manifestieren zu lassen, wie etwa in einem Wutausbruch oder darin, sich verletzt zurückzuziehen.

Der Trick ist, Gefühle erst einmal als das wahrzunehmen und ernst zu nehmen, was sie sind: freundliche Hinweise unseres Körpers und Unterbewusstseins. Selbst der Schmerz, wenn du auf eine Reißzwecke trittst, ist nicht einfach Qual um seiner selbst willen, sondern ein Alarmsignal des Körpers. Da steckt etwas in deinem Fuß, das da nichthingehört und dir langfristig schaden wird, wenn du dich nicht darum kümmerst! Ohne Schmerz wären wir vermutlich alle schon längst tot.

Der zweite Schritt ist, diese Gefühle dem Gegenüber in Form einer einfachen, sachlichen Beschreibung ungefiltert mitzuteilen. Kurz gesagt: Zu erzählen, wie man sich gerade fühlt, statt sich so zu verhalten. Zum Beispiel könnten wir zum Gegenüber sagen: Ich fühle, wie Wut in mir aufsteigt. Oder: Ich fühle mich durch das, was du gesagt hast, verunsichert. Oder auch: Ich fühle mich seltsam, denn einerseits fühle ich mich nach dem, was du gesagt hast, erleichtert, andererseits fühlt es sich falsch an, deswegen Erleichterung zu spüren.

Das erfordert ein bisschen Übung, weil wir es nicht gewohnt sind, so über unsere Gefühle zu reden. Das kann man auf eine witzige Art lernen, indem man sich zusammensetzt und jede Person fünf Minuten Redezeit bekommt, in der sie laut und kontinuierlich sagen soll, was sie gerade fühlt und denkt. Das kann sich zum Beispiel so anhören: »Ich fühle mich gerade total bescheuert, dass ich dieses Spiel mitmache und auch noch anfange. Ich sehe eure Blicke auf mir und es fühlt sich so an, als ob ihr dankbar wärt, nicht anfangen zu müssen. *Pause* Ich fühle mich leicht kühl, der Boden ist härter als ich dachte und der Knöchel auf dem Teppich tut etwas weh. Ich fühle mich unwohl. Ich weiß nicht, was ich machen soll. Ich soll reden, na gut. Ich gucke mal aus dem Fenster. Da draußen sitzt ein Vogel und guckt herum. Ich spüre Wärme in meinem Herzen, ich spüre die Sehnsucht, auch einfach dort zu sitzen und nicht hier.«

Und so weiter. Ihr werdet euch ein Lachen nicht verkneifen können. Und das ist auch völlig okay. Fühlt mit! Wenn die fünf Minuten vorbei sind, kommt die nächste Person dran. Ihr werdet einerseits lernen, wie lang fünf Minuten sein können, und andererseits, eure Gefühle auf einer sachlichen Ebene wahrzunehmen und auszudrücken.

Das ist eine Trockenübung. Doch wenn ihr versucht, diesen Kommunikationsstil in einer emotional angespannten Situation anzuwenden, werdet ihr sehen: Er wirkt Wunder! Nicht nur hilft er eurem Gegenüber, euch zu verstehen und darauf angemessen reagieren zu können. Euch selbst hilft er gleichzeitig, euch nicht von euren Gefühlen dominieren und zu unüberlegten Handlungen verleiten zu lassen. Denn ihr wechselt automatisch in die Metaebene und redet über eure Gefühle, anstatt von ihnen geleitet zu werden. Da die Gefühle nur Hinweisgeber auf die eigentlichen Probleme sind, wird es euch leichter gelingen, im Gespräch sachlich und fokussiert zu bleiben. So verstärken die Gefühle beziehungsweise ihr Ausbruch nicht das eigentliche Problem, sondern helfen stattdessen, es zu lösen.

Friedlich gemeinsame Ziele erreichen

Eng mit dem im letzten Punkt beschriebenen Kommunikationsstil verwandt ist die *Bedürfnisorientierte Kommunikation*, auch bekannt unter dem Namen *Gewaltfreie Kommunikation*. Wir können uns mittlerweile nicht mehr vorstellen, anders miteinander zu kommunizieren. Für uns wird dieser Stil immer selbstverständlicher.

Das von Marshall Rosenberg inspirierte Konzept will Kommunikation lösungsorientiert machen, stellt dabei aber die Beziehung in den Vordergrund und nicht das Ergebnis. Es basiert auf alltagstauglichen Elementen und wird in abgewandelten und ergänzenden Formen bis heute verwendet.

Sarah kennt das Konzept aus ihrem klinisch-psychosomatischen Gruppen- und Einzelkontext und wendet es auch in ihrer Selbstständigkeit als Paar- und Sexualberaterin an.

Eigentlich ist es aber eine grundsätzliche Haltung, wie man kommuniziert.

Für uns war es ein Gamechanger, als wir angefangen haben, die bedürfnisorientierte Kommunikation auch in unserer Beziehung bewusst anzuwenden. Nicht nur mitten in der Krise, sondern auch heute noch im Trubel des Alltags hilft sie uns, besser und wertschätzender miteinander zu kommunizieren.

In Streitsituationen suchen wir schnell die Verantwortung bei unserem Gegenüber. Und das ist nicht gesund. Der ganze Streit dreht sich meist um eine von zwei Fragen: Wer hat recht? Wer ist schuld? Die Diskussion darum ist meist hochemotional und wird sehr oft sehr schnell sehr laut.

Gewaltfreie Kommunikation geht davon aus, dass Kommunikation je nach Wortwahl ganz schön verletzen kann und damit Gewalt ausübt – besonders, wenn sie von negativen Emotionen bestimmt ist. Das wird schon an Begrifflichkeiten deutlich: Ein Tonfall kann »scharf« sein, der Blick »stechend«, mit unserer Argumentation können wir jemanden »überfahren«. Indem wir so miteinander umgehen und uns auf diese Weise verletzen, und meistens machen es dann beide Beteiligten gegenseitig, kommen wir kaum an ein gemeinsames Ziel.

Bedürfnisorientierte und wertschätzende Kommunikation bedeutet dagegen, Gesprächspartner:innen nicht als Gegner:innen, sondern als Teampartner:innen zu verstehen, mit denen wir ein gemeinsames Ziel erreichen wollen. Uns allen dürfte intuitiv klar sein, dass wir nicht mit Schuldzuweisungen oder Vorwürfen vorankommen, sondern nur, indem wir nach einem friedlichen Miteinander trachten und Empathie entwickeln, um das Gegenüber zu verstehen und wertschätzen zu können.

Konflikte entstehen meistens dann, wenn verschiedene Bedürfnisse und Interessen aufeinanderprallen – und wenn wir unsere Bedürfnisse über die Bedürfnisse des Gegenübers stellen. Bedürfnisse sollten aber nebeneinanderstehen dürfen, solange sie sich nicht gegenseitig ausschließen. Alternativ sollte man einen Kompromiss suchen, bei dem beide Seiten zufrieden sind. Nur so ist ein friedliches (und im Fall von Lovern ein liebevolles) Miteinander möglich.

Die gewaltfreie Kommunikation unterscheidet deshalb zwei Arten, wie wir unsere Bedürfnisse kommunizieren:

Einerseits gibt es die *Schakalsprache*. Schakale sind Raubtiere und haben nur sich selbst im Blick. Sie bekämpfen sogar manchmal ihre Artgenossen. Im übertragenen Sinn erfüllt der Schakal seine Bedürfnisse auf Kosten der anderen. Benutzen wir die Schakalsprache, dann sehen wir nur uns, wir loben und tadeln, verteilen Schuld, fühlen uns im Recht. Wir achten immer auf die Fehler der anderen, zeigen wenig Verständnis, kritisieren und belehren, achten streng auf Regeln und Normen und zeigen keine Empathie. Kurz: Wir befinden uns im Kampf.

Dieses Beschuldigen, Analysieren und Urteilen richten Menschen übrigens auch gerne gegen sich selbst, etwa wenn sie sich sagen, dass sie falsch sind, sich schuldig fühlen oder beschämt sind.

Auf der anderen Seite gibt es die *Giraffensprache*. Sie heißt so, weil die Giraffe den Überblick hat und deshalb Situationen gut analysieren kann. Außerdem ist sie das Landtier mit dem größten Herzen. Und natürlich ist sie als Pflanzenfresserin niemandes Feind. Obendrein überlässt sie den anderen Tieren das Grünzeug, das diese erreichen können, und versorgt sich selbst aus den Baumwipfeln. Sie nimmt also niemandem etwas weg.

Die Giraffensprache zeichnet sich durch Offenheit, Vertrauen und Kooperation aus. Wenn wir die Giraffensprache benutzen, dann achten wir auf die Gefühle aller Beteiligten, haben kein Feindbild, bitten, statt zu fordern, respektieren die Bedürfnisse anderer, zeigen Empathie und Verständnis, unterscheiden Gefühle von Interpretationen und trennen Beobachtungen von Bewertungen. Kurz: Wir sind kooperativ und zeigen ein großes Herz.

Giraffensprache is the way to go! Wichtig ist: Wenn wir über die Bedürfnisse aller Beteiligten sprechen, dann sind unsere eigenen Bedürfnisse genauso gemeint. Wer sich nur selbstlos um die Bedürfnisse anderer kümmert und sich selbst dabei vergisst, wird nicht lange glücklich damit sein. Und die anderen auch nicht. In einem guten Miteinander halten sich die Bedürfnisse aller die Waage.

Wenn wir schon von Bedürfnissen sprechen: Wir alle haben Bedürfnisse. Genau genommen haben wir alle dieselben Bedürfnisse. Nach dem Wirtschaftswissenschaftler Manfred Max-Neef, an dem sich Marshall Rosenberg orientierte, sind das:

- **Selbsterhaltung.** Genug haben, um leben zu können.
- **Sicherheit.** Schutz vor Gefahr. Aber auch Verlässlichkeit.
- **Zuwendung.** Um unserer selbst willen geliebt werden.
- **Verständnis und Empathie.** Von anderen mit meinen Bedürfnissen gesehen werden.
- **Teilhabe.** Zu etwas Größerem gehören.
- **Kreativität.** Etwas erschaffen.
- **Entspannung und Spiel.** Mich erholen können und Spaß haben.
- **Identität.** Mich selbst kennen.
- **Freiheit.** Ich selbst sein dürfen.

Jede:r von uns hat all diese Bedürfnisse – aber in einer individuellen Hierarchie. Manche von uns brauchen viel mehr Sicherheit als Freiheit. Andere brauchen viel Freiheit und kaum Sicherheit. Wir alle haben Strategien entwickelt, wie wir unsere Bedürfnisse in unserer Reihenfolge im Alltag erfüllt bekommen. Und oft genug knallen dabei die Strategien zweier Menschen aufeinander.

In der Gewaltfreien Kommunikation geht man folgende

vier Schritte: beobachten, ohne zu bewerten, das eigene Gefühl erspüren, unser Bedürfnis definieren und daraus eine Bitte an das Gegenüber formulieren.

Das klingt komisch und kompliziert. Wenn es aber einmal in Fleisch und Blut übergegangen ist, wird es zum Selbstverständlichsten der Welt.

Stellen wir uns Peter vor. Er hat ein romantisches Abendessen als Überraschung für Anna vorbereitet. Sie kommt normalerweise gegen halb sechs nach Hause und hatte heute auch nichts Gegenteiliges verlauten lassen. Um Viertel vor sechs ist sie jedoch immer noch nicht da. Peter guckt bei Google Maps nach. Auf ihrer üblichen Strecke ist kein Stau. Die Zeiger rücken in Richtung sechs Uhr und Peter wird ungeduldig. Die Nudeln sind nur noch lauwarm, die Kerzen sind gefühlt schon halb abgebrannt. Viertel nach sechs: Der Salat fällt langsam in sich zusammen. Eine WhatsApp bleibt ungelesen. Peter schwankt zwischen Sorge und Ärger: Es könnte ihr irgendetwas passiert sein. Aber Anna kommt auch ständig zu spät! Sie hält es nie für nötig, Bescheid zu sagen, wenn es, warum auch immer, später wird. Und das regt ihn maßlos auf. Peter ist Pünktlichkeit wichtig, sie ist für ihn eine Frage des Respekts. Um halb sieben kocht er stärker, als es die Nudeln getan haben. Anscheinend ist es Anna völlig egal, dass er hier wartet. Wahrscheinlich hat sie sich mit Lisa getroffen und die beiden shoppen gerade irgendeinen Mist, den sie nicht brauchen. Und er hatte sich so viel Mühe gegeben. Immer dasselbe!

Als sich in diesem Moment der Schlüssel im Schloss dreht, stapft Peter in den Flur, schaut die verdutzte Anna wutentbrannt an und faucht: Ist es denn echt so schwer, pünktlich zu sein oder wenigstens Bescheid zu sagen? Deine kalten Nudeln kannst du allein essen!

Anna schaut geschockt, dann merkt sie, wie der Ärger in ihr emporsteigt und geht zum Gegenangriff über: Hä, was soll das denn? Hast du den Arsch offen, mich hier so anzublöken? Haben wir irgendwas abgemacht? Ich darf doch wohl selbst entscheiden, wann ich schwimmen gehe und wann nicht. Du hast mir gar nichts vorzuschreiben! Und was für Nudeln überhaupt?

In diesem Moment fällt Annas Blick auf den gedeckten Tisch mit dem wunderschönen Blumenstrauß und den brennenden Kerzen, schluckt und schaut Peter an: Du hast etwas vorbereitet? Warum sagst du das denn nicht? Ist es so schwer, mal kurz eine Nachricht zu schreiben?

Peter antwortet, immer noch kochend: Ach, das Schwimmen ist dir also wichtiger als ich! Du bist nie pünktlich und hättest einfach kurz sagen können, dass du später kommst. Dann wären die Nudeln jetzt nicht kalt.

Anna wirft ihre Jacke in die Ecke und faucht: Woher soll ich denn wissen …

Wie der Streit zwischen Anna und Peter weitergeht, könnt ihr euch denken. Dabei hätte der Abend so schön sein können. Was ist hier passiert?

Peter wollte eine schöne Überraschung für Anna bereiten. Er liebt es, kreativ zu sein. Er hat extra verrückte Nudeln im Feinkostladen gekauft und sich eine extravagante Sauce überlegt. Das Essen war perfekt. Seit Wochen hatte er das geplant und sich viel Mühe gemacht. Er hatte sich zeitlich alles genau ausgerechnet, war extra früher von der Arbeit gekommen, damit das Essen pünktlich um halb sechs auf dem Tisch stehen konnte. Immerhin hatte sie am Nachmittag noch geschrieben, wie blöd der Arbeitstag wäre und dass sie froh sei, dort rauszukommen.

Anna war an diesem Tag aus dem Büro gestiefelt und hatte sich superunwohl gefühlt. Den ganzen Tag hatte sie gesessen, und selbst die Mittagspause musste sie vor dem Rechner verbringen, weil sie für die Chefin einen Livestream verfolgen musste. Die Chefin hatte sie freundlich darum gebeten und sie hatte nicht Nein sagen können. Nun aber musste sie noch ihre Energie loswerden. Sie war ein sportlicher Typ und vor einer Woche das letzte Mal im Wasser gewesen. Viel zu lange her! Die fertig gepackte Tasche fuhr sie schon seit Tagen im Auto spazieren. So ließ sie kurzerhand das Auto auf dem Firmenparkplatz stehen, schnappte sich ihre Tasche und ging ins Schwimmbad, das gleich um die Ecke lag, um ein paar Bahnen zu ziehen. Unterwegs wollte sie Peter Bescheid geben und stellte fest, dass sie das Handy im Auto hatte liegen lassen. Naja, er würde sich schon zu beschäftigen wissen. Sie hatten immerhin nichts ausgemacht. Er war es gewohnt, dass sie nicht immer pünktlich um halb sechs zu Hause war. Und noch am Nachmittag hatte sie ihm geschrieben, wie groß ihr Bewegungsdefizit war. Er würde schon eins und eins zusammenzählen können.

Anna und Peter haben beide nichts anderes gemacht, als ihren Bedürfnissen nachzugehen: Peter hatte etwas für seine Liebste gekocht und alles genau für sie geplant. Das machte er gern und hatte richtig Spaß daran. Anna hatte das große Bedürfnis nach Bewegung, und weil sie ein freiheitsliebender Mensch ist, hatte sie einfach die Gelegenheit ergriffen und ist an diesem Tag noch schwimmen gegangen, bevor sie nach Hause fuhr. Sie war davon ausgegangen, dass Peter Verständnis dafür haben würde, denn schließlich kennt er sie ja.

Was also hat zu dem Eklat geführt? Ganz einfach: Peter und Anna haben jeweils ihre eigenen Bedürfnisse auf das Gegenüber projiziert und sind ganz selbstverständlich davon ausgegangen, dass für beide dasselbe gleich wichtig ist. Peter geht davon aus, dass Pünktlichkeit wichtig ist, und wer nicht pünktlich ist (oder wenigstens Bescheid sagt), dem ist das Gegenüber egal. Dadurch fühlt er sich an diesem Abend in seinem Bedürfnis nach Sicherheit und Verlässlichkeit, aber auch in dem nach Verbindung und Liebe, nicht ernst genommen.

Als Anna heimkommt, ist er schon längst im Schakalmodus: Er hatte sich selbst gesagt, er sei für Anna unwichtig, hat sich also innerlich schon die ganze Zeit selbst angeknurrt und ist nun bereit, auch Anna verbal anzufallen, sobald sie über die Schwelle tritt. Als Anna ihm vorhält, nicht Bescheid gesagt zu haben, eskaliert es: Was ihn schon immer gestört hat, wirft er ihr jetzt an den Kopf.

Anna dagegen ist Sicherheit und Struktur nicht so wichtig, Freiheit und körperliche Bewegung dafür umso mehr. Es gehört zu ihren Grundbedürfnissen, sich wohl in ihrem Körper zu fühlen. Und diesen Abend stand nichts im gemeinsamen Kalender. Also ging sie davon aus, dass sie kurz ins Schwimmbad konnte, das gleich um die Ecke ihres Büros ist. Es würde nicht lange dauern. Fröhlich war sie schwimmen gegangen und dann schnell nach Hause gefahren. Dort ankommen, hatte sie noch ihr Handy aus dem Fußraum geangelt und mit einem flüchtigen Blick gesehen, dass Peter ihr vor ein paar Minuten geschrieben hatte, wo sie denn bliebe. Das würde er in zehn Sekunden sehen, gepaart mit einem Kuss. Also klappt sie das Handy zu, eilte nach oben und drehte den Schlüssel im Schloss.

Dass ihr ein vor Wut schnaubender Peter gegenüberstand, traf sie kalt und unerwartet. Welche Nudeln? Hatten sie einen Termin? War Jahrestag? Nein, der war erst im Februar. Was war denn los? Warum brüllte er sie so an? Sie fühlte sich angegriffen, und auch ihre Gefühle gerieten in Wallung. Sie konnte wohl selbst entscheiden, was sie tat! Er war doch nicht ihr Chef! Sie lässt sich nichts sagen, da war sie ganz empfindlich! Und schon war auch sie im Schakalmodus. Eins ergab das andere und der handfeste Streit war da. Obwohl es ein so schöner Abend hätte werden können.

Was wäre nun gewesen, wenn die beiden die Giraffensprache verwendet hätten und die vier Schritte im Kopf durchgegangen wären, bevor sie ein Urteil gefällt hätten? Wie erinnern uns: beobachten, ohne zu bewerten, das eigene Gefühl erspüren, unser Bedürfnis definieren und daraus eine Bitte an das Gegenüber formulieren.

Gehen wir also noch einmal an den Anfang der Szene, aber diesmal sind die beiden durchgehend im Giraffenmodus: Peter wartet auf Anna und fragt sich nach einiger Zeit, wo sie denn bleibt. Es schießen ihm mögliche Erklärungen durch den Kopf, etwa, dass sie mit ihrer Freundin Lisa zum Shopping gefahren ist. Aber die wischt er zur Seite. Er macht sich bewusst, dass ihm diese Spekulation nicht hilft, denn sonst hätte er sich vermutlich über den von ihm spekulierten Grund mehr aufgeregt als über die kalten Nudeln. Das kannte er von früher, als er in solchen Situationen noch ganz selbstverständlich in den Schakalmodus verfallen war. Aber er weiß: Giraffen verschaffen sich einen Überblick und stellen fest, ohne zu bewerten.

Als er spürt, dass er ungeduldig wird, hält er inne, nimmt einen tiefen Atemzug und hört in sich hinein. Welches Gefühl will da gerade aufkommen? Enttäuschung, dass sie wieder unpünktlich ist. Und das findet er respektlos. Auch dem gegenüber, was er an Liebe und Kreativität in das Essen gesteckt hatte.

Er erinnert sich an den dritten Schritt: sein Bedürfnis definieren. Gut, heiße Nudeln mit seiner heißen Freundin zu genießen, wäre grade sein Hauptbedürfnis. Aber eigentlich ist es ja Zuverlässigkeit, die er sich von Anna wünscht. Und ihre Zuwendung. Er wünscht sich, dass es ihr wichtig ist, wie es ihm geht.

Er nimmt sich vor, ihr das zu erklären und sie darum zu bitten, das nächste Mal Bescheid zu geben, wenn sie später als normal kommt. Und gleichzeitig denkt er: Woher soll sie denn wissen, dass es mir heute wichtig ist? Sonst haben wir schließlich auch keine festen Zeiten. Vielleicht hätte er ihr doch eine Nachricht schreiben sollen. Dann wäre die Überraschung kaputt gewesen. Nur das ist sie jetzt auch. Eine Zwickmühle.

Bis sich der Schlüssel im Schloss herumdreht und die heiße Anna endlich die mittlerweile kalten Nudeln entdeckt, ist zweierlei passiert: Peter hat einen Plan, wie er mit Anna über sein Bedürfnis reden kann. Aber noch viel wichtiger ist: Er ist ganz ruhig. Er hat sich nicht wie früher selbst in Rage spekuliert. Stattdessen steht ein zwar leicht enttäuschter, aber recht entspannter Peter einer strahlenden Anna gegenüber, die sich freut und ihrem Freund um den Hals fällt.

Als sie sich setzen, sagt Peter: Leider sind die Nudeln schon kalt. Ich hätte dir eine Nachricht schreiben sollen, dass du heute besser um halb sechs da bist.

Stimmt, sagt Anna, dann wäre ich natürlich nicht noch schwimmen gegangen.

Aha, denkt Peter, völlig falsch spekuliert, und lächelt in sich hinein. Laut sagt er: Ach so, daran hatte ich gar nicht gedacht. Aber es hätte mir total geholfen, wenn du kurz Bescheid gesagt hättest, dass du noch schwimmen gehst. Dann hätte ich die Nudeln später aufgesetzt. Könnten wir vereinbaren, das in Zukunft zu tun?

Anna überlegt: Sie will sich auf keinen Fall von jemandem vorschreiben lassen, wie sie den Tag zu verbringen hat. Aber andererseits kann sie gut verstehen, dass Peter gern Bescheid gewusst hätte. Schließlich kommt sie sonst auch meist direkt von der Arbeit.

Laut sagt sie: Ja, klar, das kann ich machen. Wollte ich sogar, aber ich hatte das Handy im Auto vergessen. Und weil ich dir vorhin geschrieben hatte, dass ich mich den ganzen Tag nicht bewegt habe, dachte ich, du würdest schon deine Schlüsse ziehen, weißt du?

Anna hat, während sie redete, ihr Bedürfnis analysiert. Ihr war bewusst: Sie braucht Freiheit. Und sie will von Peter verstanden werden. Sie geht davon aus, dass Peter als empathischer Mensch sich in sie hineinversetzen kann. Das wäre für sie optimal gewesen. Ob sie dafür eine Bitte an ihn formulieren könnte? Ihr fällt nichts ein. Denn das hätte in diesem Fall nichts gebracht. Er hätte nicht gewusst, wann sie heimkommt, wenn er an die Möglichkeit des Schwimmtrainings gedacht hätte. Aber eines weiß sie genau: Jetzt hat sie ein Bedürfnis nach einer ganz anderen Nudel.

Sie steht auf, geht zu Peter, setzt sich auf seinen Schoß, während sie den Tisch mit dem Hintern gekonnt wegschiebt, und flüstert ihm ins Ohr: Etwas ist hier aber noch heiß, sehr heiß sogar …

Das ist doch ein besserer Verlauf des Abends, oder? Wertschätzende, bedürfnisorientierte Kommunikation ist etwas, das wir, Sarah und Nick, an uns selbst immer wieder üben. Auch wir verfallen dann und wann in ein konfliktverschärfendes Verhalten. Es hat uns geholfen, über dieses Modell Bescheid zu wissen. Wenn wir anfangen zu streiten, dann ist das immer ein Zeichen dafür, dass wir »unsauber« in unserer Kommunikation werden. Wenn wir uns an das Modell erinnern und es bewusst anwenden, ist das meist schon die halbe Miete.

Nachdem sich unsere Beziehung durch den offenen Austausch in unserem Büchlein merklich verbessert hatte, stand die Frage im Raum, wie wir diese Entwicklung festigen können. Wir entwarfen mithilfe von Sarahs Heilpraktikerin einige Rituale, die uns dabei geholfen haben. Einerseits legten wir fest, dass wir uns alle sieben Wochen zusammensetzen und über unser Miteinander sprechen wollten. Das haben wir lange durchgehalten. Die Idee dahinter ist, dass sich oft nach sieben Wochen Alltag alte Muster wieder einschleichen. Wir nahmen uns Zeit und redeten darüber, wie wir miteinander umgehen, wie es uns dabei geht und was wir uns wünschen. Wir reflektierten, was sich seit dem letzten Mal verändert hat und welche guten Vorsätze im Alltag verloren gegangen waren. Das war hilfreich!

Sarahs Heilpraktikerin machte uns einen Vorschlag zur Bearbeitung unserer eigenen Themen: Wir sollten uns ein Schleichtier zulegen! Denn so viel wir uns auch vornehmen, uns zu ändern: Die alten Verhaltensweisen schleichen sich immer wieder ein. Zur Erinnerung daran haben wir die Schlange *Ka* als Schleichtier neben unser Bett gestellt. Immer, wenn unser Blick auf sie fällt, denken wir bewusst daran, wie wir kommunizieren wollen.

Die Kommunikation miteinander gelingt uns meist sehr gut. In Beziehungen mit anderen Menschen kommt es jedoch vor, dass wir nicht gut kommunizieren. Ein Stück weit ist das normal, denn wir müssen uns auf neue Menschen immer erst einstellen, uns miteinander in der Kommunikation und in Konflikten kennenlernen und erleben. Wenn wir selbst versuchen, nicht in die Schakalsprache abzurutschen, dann bleibt meist auch das Gegenüber, ohne es zu wissen, im Giraffenmodus.

Kleine Randbemerkung: Wenn das nicht passiert und dauerhaft Konflikte im Raum sind, dann ist diese Verbindung vielleicht nicht die Richtige für euch. Die Gründe dafür können banal sein: Eure Erwartungen an die Beziehung sind unterschiedlich oder haben sich verändert. Eure Persönlichkeiten passen nicht zusammen. Oder eine:r von euch knackt an tiefsitzenden, nicht verarbeiteten therapeutischen Themen, die er:sie noch nicht für sich bearbeitet hat, es noch nicht kann oder es nicht will.

Am Ende seid ihr nur für euch selbst verantwortlich und nicht für die Erfahrungen, die eine andere Person in ihrem Leben gemacht hat. Sie mögen schrecklich und traurig gewesen sein oder sind es noch. Aber sie zu lösen und sich gut für eine gesunde Beziehung aufzustellen: Das liegt immer in der eigenen Verantwortung.

Die eigene Angst verstehen

Sehr wichtig war es für uns, einander von unseren Ängsten zu erzählen. Denn wir wissen: Angst ist der größte Handlungsantrieb überhaupt. Doch leider nicht immer nur für hilfreiche Aktionen.

Nicks hauptsächliche Angst bestand darin, dass Sarah ihm nicht alles erzählen würde. Nick war anfangs wie besessen davon, jedes kleinste Detail aus Sarahs Leben zu erfahren. Dabei ging es ihm nie um Kontrolle und er prüfte auch nie nach, was sie sagte. Es ging ihm nur um Sarahs Signal: Ich habe jetzt keine Geheimnisse mehr vor dir. Punkt. Mit der Zeit gewann Sarah sein Vertrauen zurück. Aber das hat wirklich seine Zeit gebraucht.

Es war wichtig, dass Sarah Nick viel Zeit gelassen hat. Sie drängelte nicht, erklärte und erzählte immer wieder geduldig. Und obwohl schnell klar war, dass wir fortan eine offene Beziehung führen würden, war es für Sarah selbstverständlich, den ersten Schritt Nick zu überlassen.

Sarahs tiefsitzende Angst war, dass Nick sie am Ende doch verlässt. Verdient hätte sie es ja, das war nach dem Knall für lange Zeit ihr Glaubenssatz. Erst mit der Zeit ist dieser einem tiefen Vertrauen gewichen, dass Nick sie liebt und nicht vorhat, sie zu verlassen. Es war offensichtlich: Nach diesem Betrug hätten die meisten Männer sofort das Weite gesucht. Aber Nick tat es nicht, sondern glaubte an uns. Doch bis diese Wahrheit in Sarahs Herz gerutscht und dort sicher verankert war, brauchte es Zeit.

Ist das nicht spannend? Sarah ist eine attraktive, lebenslustige Frau und hat seither mit zig Männern geschlafen und geknutscht. Und trotzdem wäre das Schlimmste, was sie sich vorstellen könnte, dass Nick sie verlässt. Die wenigsten gehen aus Unzufriedenheit mit dem eigenen Herzensmenschen fremd. Es ist das Abenteuer, die Lust an Neuem, die

Neugier auf fremde Haut. Ihre eigene Beziehung setzen die meisten Menschen dabei nur aufs Spiel, weil sie nicht wissen, dass es auch anders geht, oder weil sie nicht den Mut haben, mit ihrem Gegenüber offen über ihre Sehnsüchte zu sprechen. Wenn dieses Buch es schafft, euch mutiger zu machen, dann haben wir ein wichtiges Ziel erreicht!

Ihr merkt: Es war nicht die Öffnung unserer Beziehung, die unsere Partnerschaft gerettet hat. Es war die intensive, offene und ehrliche Kommunikation über unsere Gefühle, Ängste und Bedürfnisse. Wir haben einander die Wahrheit gesagt und nichts als die Wahrheit. Wenn eure Beziehung auf der Kippe steht, weil euer Miteinander nicht mehr funktioniert, dann ist es eine schlechte Idee, die Ehe zu öffnen in der Hoffnung, es würde alles besser werden. Das wird es nicht. Die Probleme bleiben nicht nur, sondern sie werden sich potenzieren.

Geht erst einmal aufeinander zu, redet offen und ehrlich, fangt an, miteinander euer Innerstes zu teilen – mit allen dunklen Flecken und all dem Sand, der im Getriebe eures Miteinanders für Probleme sorgt. Wenn ihr merkt, dass euer Wir wieder stark ist, geht den nächsten Schritt und prüft, ob eine Öffnung der Beziehung für euch infrage kommt.

V
ICH PACKE MEINEN KOFFER UND NEHME MIT

WIE UNSERE VERGANGENHEIT UNS PRÄGT

Bin ich ein Opfer meiner Vergangenheit?

☐ ja ☐ nein ☐ weiß nicht

Hier sind wir nun: ein glückliches, nicht monogam lebendes Ehepaar Mitte 30 mit vielen wunderbaren Menschen in seinem Leben, einer schönen Eigentumswohnung in Hamburg, einem süßen Hund, guten Jobs, einem Podcast, Fernsehauftritten und jetzt auch noch einem Buch. Und trotzdem – so sagt man uns – ganz bodenständig.

Aber wer sind wir genau? Und wie sind wir eigentlich geworden, wer wir sind? Denn dahin, wo wir heute stehen, wurden wir nicht von Scotty gebeamt. Wir wurden von Menschen und Ereignissen in unserer Vergangenheit geprägt – wie wir alle. Wir hatten Familien und Freund:innen, haben Höhen und Tiefen, Highlights und Schicksalsschläge durchlebt. All das hat uns beeinflusst und unsere Sicht auf uns selbst und auf das Leben geformt.

Auch die Tatsache, dass wir heute nicht monogam leben, ist natürlich Ergebnis einer langen Entwicklung. Lasst uns einmal genauer anschauen, wer wir waren. Wie wir wurden, wer wir sind. Und was das für eure Koffer bedeutet, die ihr seit eurer Geburt fleißig mit Erfahrungen und Prägungen füllt.

Wie Sarah wurde, wer sie ist

Sarah ist seit 2006 in der sozialen Arbeit tätig. Schon früh war ihr klar, dass die Beziehungen, die wir führen, uns von klein auf elementar prägen. Beziehungen sind ein wertvolles Gut. Je nachdem, ob wir positive oder negative Beziehungserfahrungen gemacht haben, kann uns die weitere Entwicklung im Leben und besonders in unseren Beziehungen leichter oder schwerer fallen. Sarah fragte sich schon früh: Wenn Beziehungen doch so wichtig sind, warum bekommen wir dann so selten Hilfe, Unterstützung und Anleitung?

Zu hinterfragen ist ein Grundzug in Sarahs Persönlichkeit. Sie gibt sich nicht so schnell mit einer Antwort oder einer vermeintlichen Tatsache zufrieden. »Das macht man nicht« ist für sie keine Begründung. Vielleicht deshalb hinterfragte sie in ihrer Jugend bereits das monogame Konzept von Beziehungen. Es wollte nicht in ihren Kopf, warum es nur entweder diese oder jede Person im Leben geben darf. Warum nicht sowohl als auch?

Aber das war nicht immer so. Sarah wurde 1987 in Hamburg geboren. Ihre Mutter war in einer großen, im Stadtteil und darüber hinaus bekannten und angesehenen

Unternehmerfamilie aufgewachsen, mit eigenem Laden für spezielle Futtermittel direkt neben ihrem Haus. Ihr Opa belieferte auch den Hamburger Zoo, worauf er sehr stolz war. In der Familie wurde stets viel körperlich gearbeitet, alle halfen mit, die Familie bedeutete alles. Nach außen hin musste stets alles perfekt erscheinen: Man protzte mit dem, was man hatte und sah sich als etwas Besseres. Die Kulisse war stets blitzeblank.

Hinter verschlossenen Türen aber sah es anders aus. Es herrschte ein rauer Ton. Sarahs Opa war als Soldat im Krieg gewesen und von diesem gezeichnet. Er steckte gefühlt Tag und Nacht in seiner Arbeitskleidung, roch nach Staub und harter Arbeit. Er liebte seine Enkel:innen und damit auch Sarah, herrschte aber mit harter Hand in Familie und Betrieb. Als sich Sarahs Onkel mit 16 Jahren als homosexuell outete, war die Hölle los. Anfang der 1980er-Jahre war Homosexualität in Deutschland noch weit weniger sichtbar und toleriert. Das war für Sarahs Opa nicht mit der gutbürgerlichen Hochglanzfassade vereinbar. Also wurde das Fiasko totgeschwiegen. Sarahs Mutter hatte eine liebe, zurückhaltende, soziale, demütige und artige Persönlichkeit, war aber dadurch ein perfektes Opfer für die Streiche ihrer Geschwister, für die sie gleichzeitig in viel zu jungen Jahren Erziehungsverantwortung übernehmen musste.

Bei Sarah blieben aus dieser Zeit neben vielen schönen Momenten einige negative Glaubenssätze hängen: Dein Beruf muss anständig sein! Du musst anständig sein! Das macht man nicht! Das ist nicht möglich! Sei nach außen immer nett und freundlich! Lästern darfst du nur hinter der Tür! Verkaufe dich als stark! Sei nicht zu auffällig! Dein Ansehen nach außen ist wichtig! Pass auf dein Geld auf! Familie ist alles und darf alles, Blut ist dicker als Wasser.

Sarahs Vater war anders geprägt. Er war ein liebevoller, fröhlicher und sozialer Mensch und zeigte ihrer Mutter, wie schön die Welt sein kann. Er hatte bereits zwei Kinder, eine

Tochter und einen Sohn im Teenageralter aus erster Ehe, als er Sarahs Mutter kennenlernte. Nur Sarahs Halbruder war nach der Scheidung bei seinem Vater geblieben und wurde somit zu Sarahs großem Bruder, der noch eine wichtige Rolle in ihrem Leben spielen sollte.

Ihre Eltern kauften sich am Rande Hamburgs ein Haus mit Garten, in einer Sackgasse gelegen und umgeben von anderen Häusern mit Familien und Kindern, wo sie mit ihrem Bruder in geborgener Idylle aufwuchs. Ihre Mutter gab zu ihrer Geburt den Beruf auf und war von da an komplett für die Familie da. Ihr Vater verdiente als Bankkaufmann genug. Er war bodenständig, dankbar und bescheiden. Er brauchte keine großen Reisen und wichtige Statussymbole zum Glücklichsein. Aber beide wussten das Leben zu genießen. Kultur war ihnen wichtig, besonders die klassische Musik. Besonders Sarahs Vater mochte keinen Stress, liebte Essen und ein leckeres Bierchen oder Weinchen am Abend.

Doch am allermeisten liebte er seine Frau und seine Kinder. Durch sein Verhalten konnte die kleine Sarah schon früh erkennen, wie sehr er ihre Mutter wertschätzte, sie mit viel Respekt behandelte und auf Augenhöhe mit ihr lebte.

Ihr Bruder war schon immer ihr absolutes Highlight gewesen. Obwohl sie die Nachzüglerin war, die Halbschwester, klein, laut und nervig, war auch sie für ihren bei ihrer Geburt 15-jährigen Bruder alles. Sarahs Mutter und auch Sarah selbst gaben ihm, was er von seiner leiblichen Mutter nie bekommen hatte: bedingungslose Liebe und das Gefühl, für das geliebt zu werden, wer er ist.

In der Psychologie spricht man von Resilienz, von psychischer Widerstandskraft oder der Fähigkeit, schwierige Lebenssituationen zu überstehen. Wir glauben heute, dass dieses Gespann aus Sarahs Vater, ihrer Mutter und ihrem Bruder die frühesten Faktoren war, die ihre Resilienz aufbauten.

Sarahs erste Lebensjahre bis kurz nach der Grundschule waren wunderschön. Sie liebte die Freiheit als Kind, sich durch ihren Garten und die Sackgasse, in der ihr Elternhaus lag, frei bewegen zu können. Sie war immer umgeben von guten Freund:innen. Sie spielten im Dreck und auf der Straße, kletterten auf Bäume, bauten Höhlen, sprangen nackt ins Planschbecken, tobten im Herbst im Laubhaufen und rodelten im Winter mit dem Schlitten durch die Straße.

Sehr früh schon verliebte sich Sarah unsterblich. Der Auserwählte hieß Finn, war fünf Jahre alt und wohnte in ihrer Straße. Ihre Liebe zog sich bis zum Ende der Grundschule hin. Sarah und Finn verbrachten den ganzen Tag miteinander und waren unzertrennlich. Doch Finn musste Sarah schon recht bald teilen. Denn es kam der zwei Jahre ältere Sebastian aus der Nachbarschaft dazu. Doch für Finn sollte das kein Problem sein. Beim gemeinsamen Spielen von Vater, Mutter, Kind hatte Sarah einfach zwei Männer. Eigentlich hätte damals allen schon klar sein müssen, dass bei ihr der Bedarf an Liebe und Beziehungen etwas größer sein könnte als üblich.

In der Grundschule gesellte sich noch Chris zu den Dreien. Er zeigte sich mutig, denn obwohl er um Sarahs Beziehung mit Finn wusste, steckte er ihr auf dem gemeinsamen Heimweg mit Finn einen Liebesbrief zu. Innerlich freute sich Sarah wie Bolle, doch nach außen spielte sie mit ihren sieben Jahren die Coole und ging lachend mit dem Brief in der einen und Finn an der anderen Hand weiter. Chris nahm die Liebesbekundung schnell zurück, was Sarah gar nicht passte, weil sie ihn toll fand. Die beiden schwirrten immer umeinander herum, bauten in der Schule gemeinsam viel Scheiße und wurden stets zusammen ermahnt, wenn es im Unterricht zu laut wurde. Chris war Sarahs Ebenbild: blond, frech und ein megalautes Organ.

Doch sie war nicht immer nur die laute, freche, lustige, spaßige, mitreißende und fröhliche Sarah. Es gab schon immer einen Teil in ihr, der ruhig und zurückgezogen war. »Entweder warst du die lauteste der ganzen Gruppe oder du saßt still in einer Ecke und niemand bemerkte dich«, beschrieb es ihre Mutter. Dieser ruhige und introvertierte Teil ist nicht groß, aber er ist da. Diese Seite an ihr war für Sarah nie mit positiven Gefühlen besetzt, sondern durch eine Leere, die sie nie in Worte fassen konnte. Heute versucht sie, diesem Teil mehr Raum zu schenken.

Mit neun Jahren traten drei weitere Menschen in ihr Leben, von denen sie damals nicht ahnen konnte, welch hohe Bedeutung sie in ihrem gesamten Leben und bis heute haben würden. Im Schwimmerverein lernte sie drei Mädchen kennen: ihre »Schwimm-Mädels«. Es begann eine Freundschaft, von der Sarahs damalige Trainerin noch jahrelang ihren Schützlingen im Trainingslager erzählen sollte.

Diese Freundschaft hat bis heute in dieser Konstellation Bestand und bewegt Sarahs Herz auf eine Art und Weise, die nicht in Worte zu fassen ist und zu ihrem größten Glück gehört. Wir sind uns sicher: Ohne diese Freundschaft würden weder Buch noch Podcast existieren, gebe es keine Sarah mit eigener Wohnung, keine Sarah als Sozialpädagogin, mit wundervollen Beziehungen in Freiheit, Selbstbestimmtheit und Sicherheit. Doch dazu später mehr.

Für die Schwimm-Mädels gab es keine Pferdegeschichten, sondern stets nur Jungsgeschichten. Die vier besprachen alles miteinander: den ersten Kuss, die erste Schwärmerei, später die erste Menstruation und den ersten Sex. Sie klärten sich selbst auf – was zu dieser Zeit sonst niemand tat.

Sie fühlten sich stark, aber nicht als die Coolsten. Sie zeigten sich fair den Schwächeren gegenüber, auch wenn sie unter sich zu ganz schönen Lästerschwestern mutierten. Sie trieben ihre Trainerin in den Wahnsinn, gleichzeitig liebte sie die vier Freundinnen, weil sie mit ihren Streichen stets friedlich und fröhlich blieben.

Die Schule lief währenddessen so nebenbei. Sarah hatte ihre Clique. Sie mochte das typische Mädchengetue nicht und probierte mit ihrer Schulfreundin gerne aus, sich als Junge zu kleiden. Sarah wollte auf eine gute Art immer etwas Besonders sein, statt mit dem Strom der Coolen mitzuziehen.

Im Spätsommer 1999 kam die Nachricht, die Sarahs Leben schlagartig verändern sollte. Ihr Vater hatte die Diagnose Krebs erhalten, unheilbar, für eine Behandlung war es zu spät. Wie lang er noch zu leben hatte, war nicht klar. Vielleicht ein paar Monate oder ein Jahr.

Ihr Vater war plötzlich nicht mehr so fröhlich, wie sie ihn kannte. Ihre Mutter war angespannt und auch Sarah veränderte sich. Der Gang in die Schule wurde jeden Tag schwerer. Sie fühlte sich dort unverstanden, ihre Klassenkamerad:innen wussten nicht, wie sie sich in dieser Situation verhalten sollten. Sarah war es noch mehr egal, welche Musik und welche Klamotten angesagt waren. Sie wollte ihre Ruhe und fühlte sich einsam.

Der einzige Halt blieb ihr beim Schwimmen. Hier behandelte sie niemand anders, alle verhielten sich normal, sie durfte trainieren und sie selbst sein. Ihre Schwimm-Mädels blieben an ihrer Seite, sie waren für sie da und gaben ihr das Gefühl, in jedem Moment das fühlen zu dürfen und das zu bekommen, was sie brauchte. Sie konnte mit ihnen Spaß haben, aber sich auch zurückziehen, mal leise sein, in sich gekehrt, ohne dass sich irgendetwas an ihrer Freundschaft änderte. Hier ging es ihr gut, das Training und die Zeit mit ihren Mädels waren ihre Kraftquelle.

Die Schule hingegen wurde immer schlimmer. Das unsoziale Miteinander in der Klasse machte sie fertig. Sie hielt die Zeit durch, bis endlich Schulschluss war und sie zum Training und zu ihren Schwimm-Mädels konnte.

Kein Dreivierteljahr später kam die nächste große Veränderung, die für Sarah unglaublich schlimm war: Ihr Bruder zog aus! Er war ihre große Stütze zu Hause. Einerseits freute sie sich für ihn mit, denn er war schon viel zu alt, um zu Hause zu wohnen. Seine Freundin, mit der er zusammenzog, hatte sie sehr gern. Aber Kiel war nicht um die Ecke.

So fühlte sie sich plötzlich sehr allein zu Hause. Ihr blieben ihr Vater, der immer schwächer wurde, ihre schwer belastete Mutter und der Hund, für den sie nun die Sorge übernahm.

Endgültig bracht die Welt für sie zusammen, als ihr Vater kurze Zeit später starb. Er wurde an diesem Morgen noch vom Pflegedienst gewaschen, sie machte währenddessen eine Runde mit dem Hund. Als sie zurückkam, war er tot. Und sie war nicht dabei gewesen. Sie war 13 Jahre alt und sollte nun ohne ihren so geliebten Vater weiterleben. Sie wusste nicht, wie das möglich sein sollte. Sie ging in das Zimmer, in dem ihr toter Vater lag und brach völlig zusammen.

Bis heute kann Sarah nicht sagen, was schlimmer war: der Todestag oder die Beerdigung. Als 13-Jährige zu realisieren, dass der eigene Vater in diesem Sarg liegt, der unter die Erde gelassen wird, war für sie kaum möglich. Diese Bilder wird sie nie wieder vergessen. Sehr oft hat sie in ihrer späteren Therapie über diese beiden schrecklichen Tage gesprochen. Mit der Zeit erst lernte sie, ihrem 13-Jährigen Ich Mitgefühl zu schenken, sich selbst betrauern zu dürfen und für sich selbst weinen zu dürfen. Dieser Teil ihres Lebens, dieser Schmerz und diese Einsamkeit werden immer da und ein Teil von ihr sein. Sie muss nicht dagegen ankämpfen, sondern darf Frieden damit schließen.

Ab dem Sommer 2000 brach ein neues Leben für Sarah an. Alles war von nun an anders. Eine tiefe Traurigkeit und ein schweres Gefühl von Einsamkeit machten sich in ihr breit. Noch mehr hatte sie das Gefühl, dass sie anders war als alle anderen.

Auch ihre Mutter veränderte sich. Sie zog sich sozial zurück. Es machte sich eine Kühle im Haus breit. Sarah sollte stark sein, sagte sie ihr, anderen Menschen auf der Welt würde es noch schlechter gehen. Nur wenig konnte sie mit ihrer Mutter gemeinsam trauern. Sarah spürte, dass es ihr nicht gut ging und wollte ihr nicht zur Last fallen. Zähne zusammenbeißen, lautete die Devise. Das war aber nicht das, was ein 13-jähriges Kind braucht, nachdem der Vater gestorben ist.

Diese beiden Verluste in ihrem Leben prägten Sarah nachhaltig. So positiv ihre Bindungserfahrungen in der Kindheit auch gewesen waren, so viel hatten der Tod des Vaters und der Auszug des Bruders und die darauffolgende Leere in ihrem Kinderherzen zerstört. Die übrig gebliebenen Erwachsenen in ihrem Leben waren keine große Hilfe: Die Mutter mied alle sozialen Kontakte, die Tante schleppte eine psychisch schwer belastete Mitbewohnerin zur Finanzierung des Hauses an, der Onkel fand einen Partner, der beim Militär war und sich entsprechend verhielt – auch Sarah gegenüber.

Wären in dieser Zeit nicht die Schwimm-Mädels, Sarahs Bruder und ihre Schwimmtrainerin gewesen – Sarah wäre heute eine ganz andere Person. Diese Menschen aber haben ihr geholfen, die schweren Jahre durchzustehen und ihr immer wieder Halt gegeben. Sie haben sie so angenommen, wie sie war und sie spüren lassen, wie wichtig zuverlässige Beziehungen sind. Ohne diese Menschen wäre Sarah heute vielleicht ein bindungsunfähiges Wrack. Und ohne Sarahs Männer.

Ihre ersten eigenen Erfahrungen mit der Romantik machte Sarah auf einem Schwimmtrainingslager nur zehn Wochen nach dem Tod ihres Vaters. Der süße, aber etwas schüchterne Olaf war eine willkommene Ablenkung für Sarah. Ihre Mädels und der Rest der Schwimmgruppe taten alles dafür, dass Olaf und sie zusammenkamen, eingeleitet durch einen ersten Kuss heimlich nachts im Jungszimmer, in das sich die Mädels immer über die Balkone schlichen, sobald Nachtruhe war. So romantisch ihr Zusammenkommen unter dem Sternenhimmel war, so unromantisch endete die Liebelei auch schon kurze Zeit später, denn Sarah und die Schwimm-Mädels setzten den armen Olaf mächtig unter Druck, sodass der sich nur noch durch eine Flucht zu helfen wusste. Aber Sarahs Neugier auf die »Spezies Mann« war geweckt. Und sollte sie nicht mehr loslassen.

Erst im Nachhinein erkannte sie, dass viele ihrer Männergeschichten eine Form der Ablenkung und mit Herzschmerz verbunden waren. Damit konnte sie besser umgehen, als die innere Leere auszuhalten, die sie seit dem Tod des Vaters auffressen wollte.

Ihre Mädels trugen das all die Jahre mit. Auch wenn sie später manchmal Bedenken äußerten, zu der Zeit zu wenig mit ihr über das Erlebte gesprochen zu haben, empfindet Sarah in Nachhinein, dass alles genau richtig gewesen war. Die Schwimm-Mädels waren selbst noch Kinder und gaben ihr das, was sie brauchte: positive Bindungs- und Beziehungserfahrungen. Das Gefühl, sie selbst sein zu dürfen. Geliebt zu werden, wie sie war, mit all ihren Facetten. Die vier haben sich nie miteinander verglichen oder nach Äußerlichkeiten bewertet. Stattdessen war Zusammenhalt das Allerwichtigste. Und so haben sie einander gemeinsam durch ihre Jugend getragen, durch eine Zeit, die außerhalb ihrer Freundschaft auf unterschiedlichen Ebenen bei ihnen allen nicht immer leicht war. Doch egal was war, sie hatten einander.

Diese Erfahrungen pflanzten eine Sehnsucht in Sarah, die sie bis heute nicht mehr loslässt: Sie wollte nicht allein sein. Sie suchte Verbindung. Nicht nur oberflächliche, sondern tiefe, tragfähige Verbindung. Gleichzeitig war sie die lebhafte, umtriebige, freche, neugierige Sarah, die immer wieder das Abenteuer suchte. Voller Leidenschaft konnte sie sich auf jemanden einlassen, suchte dann aber auch schnell das Neue. Es war nicht so, dass sie der Menschen schnell überdrüssig wurde oder von ihnen enttäuscht war. Sie wollte auch niemanden verletzen. Sie saugte lediglich Verbindungen auf wie ein Schwamm. Sie waren – und sind es bis heute – ihr Lebenselixier. Und wie sie schon in ihrer Grundschule zeigte, als sie mit zwei Jungs Familie spielte und sich gleichzeitig mit einem Dritten für die Streiche zusammentat, war sie scheinbar mühelos in der Lage, viele Beziehungen in unterschiedlicher Tiefe parallel zu führen.

Aber eben nur scheinbar mühelos. Mit dem Alter schwanden die kindliche Naivität und die Frage danach, was »man tun darf«, kroch in den Vordergrund, ebenso wie das Interesse am Wohlergehen des Gegenübers. Worüber man sich als Kind vielleicht weniger Gedanken macht, nämlich wie das Gegenüber mit den eigenen Handlungen klarkommt, nahm beim Teenager Sarah – geprägt durch ihren lebensfrohen und zugewandten Vater und ihre einfühlsame Mutter – einen hohen Stellenwert ein. Sie wollte vernünftig sein, verlässlich, sie wollte Menschen lieben und niemanden verletzen. Aber gleichzeitig wurde ihr genau das zum gigantischen Stolperstein. Denn sie war eben auch die Neugierige, die Abenteuerlustige. Diejenige, die Verbindungen aufsog wie ein Schwamm. Das zeigte sich schon bei Daniel, ihrem ersten richtigen Freund.

Daniel kam vom Gymnasium in ihre Klasse und war knapp zwei Jahre älter als sie. Er war ein Sonnenschein und für die lebenslustige Sarah wie geschaffen. Es folgte ein schönes Jahr, das ihr guttat. Sie war sehr verliebt in Daniel, und Daniel war verliebt in sie. Mit ihm machte sie ihre ersten Sex- und Beziehungserfahrungen. Daniel war großartig, verbindlich und positiv. Sarah fühlte sich bei ihm sicher und gut aufgehoben.

Gleichzeitig mit Daniel kam Chris in ihre Klasse, der ihr in der Grundschule den Liebesbrief zugesteckt hatte und mit dem zusammen sie so viel Spaß damit gehabt hatte, die Schule unsicher zu machen. Damals fand sie ihn schon gut. Jetzt fand sie ihn »rattenscharf«. In ihr Tagebuch schrieb sie damals: »Ich liebe Daniel, aber Chris finde ich so hot! Warum kann ich nicht mit Daniel zusammen sein und mit Chris ab und an Sex haben?«

Das ist 20 Jahre her. Sarah war 15, und wenn wir ehrlich sind, hatte sie damals bereits gecheckt, dass es deutlich mehr geben muss als die Monogamie. Zu der damaligen Zeit gab es allerdings keine andere Wahl. Sarah steckte im Gefühlschaos. Sie war zerrissen zwischen dem von ihr geliebten Daniel, den sie auf keinen Fall betrügen wollte, und dem »rattenscharfen« Chris, mit dem sie wilde Fantasien hatte.

Als ob das nicht genügend Chaos gewesen wäre, kam auch noch Karl dazu. Auch er kam zur selben Zeit wie Daniel und Chris in ihre Klasse. Da war es nun, das perfekte Chaos: die pubertierende Sarah, die alle Verführungen jeden Tag in der Schule direkt vor ihrer Nase hatte. Alle drei Jungs waren in ihrer Klasse: Daniel, den sie liebte und mit dem sie seit einem Jahr glücklich zusammen war, Chris, den sie gefühlt schon immer hot fand, und Karl, der mit ihr flirtete, als ob es kein Morgen gäbe.

Das aufregende Kribbeln und die Neugier waren so groß, dass Sarah schließlich ihre Beziehung zu Daniel beendete. Es brach ihr das Herz, ihm das antun zu »müssen«, denn sie war sich stets sicher um ihre Liebe zu ihm. Doch für sie war klar: Wenn sie weiter mit Daniel zusammenblieb, hätte sie ihn vermutlich mit Karl betrogen und ihn so noch mehr verletzt.

Sie verbrachte ein paar aufregende Sommerwochen mit Karl, dann fuhr sie auf Sprachreise nach England und vermisste während dieser sechs Wochen Karl und Daniel gleichermaßen. Ihr Herz war hin- und hergerissen. Die einjährige Beziehung mit Daniel hatte ihr viel bedeutet – im Nachhinein viel mehr als die kurze Sommerbeziehung mit Karl, auch wenn diese aufregend war. Als sie aus England zurückkam, machte Karl Schluss. Daniel und sie beschlossen gemeinsam, ihrer Liebe eine zweite Chance zu geben. Sie hatten beide gehofft und sich eingeredet, dass Sarah sich einfach noch einmal hatte austoben müssen.

Doch das Muster wiederholte sich. Nachdem sie mit 17 Jahren beschlossen hatte, aus der Beziehung mit Daniel herausgewachsen zu sein, verließ sie ihn zum zweiten Mal.

Sie schätze ihn und sein gutes Herz enorm, aber sie fühlte sich gefangen und unwohl und konnte das nicht einordnen. Die Trennung fiel ihr enorm schwer. Aber sie wollte ihm auf keinen Fall etwas vorspielen. Zu helfen wusste sie sich damals nur durch eine Trennung.

Immerhin hatten beide nach der Trennung noch über ein paar Jahre Kontakt, mal mehr mal weniger. Aber sie fanden einen Weg, nach der Trennung in eine echte Freundschaft zu finden. Darauf war Sarah damals sehr stolz.

Als sie Christian kennenlernte, fing das Spiel von vorne an. Direkt am ersten Tag ihrer Ausbildung zur Schwimmtrainerin erblickten sie einander, sendeten eindeutige Signale und beendeten die Nacht in seinem Zimmer. Beide waren hin und weg, schwer verliebt und es folgte eine großartige gemeinsame Zeit. Christian war ein toller Mann, herzensgut und liebte Sarah genauso, wie sie war. Kurz dachte sie, sie wäre nun bereit für ein monogames Leben und dieses »Problem« mit der Lust auf andere sei vorbei.

Doch nach gut einem Jahr Beziehung passierte genau das Gleiche wie mit Daniel: der Flirt mit einem anderen, nämlich Gerrik aus einer Oberstufenklasse. Wieder schrieb sie dieselben Gedanken in ihr Tagebuch: Sie fühlte eine innere Zerrissenheit zwischen der Suche nach dem Kick, dem aufregenden Kribbeln, Sex mit jemand anderem und der Verantwortung gegenüber ihrer Beziehung und Liebe zu Christian.

Sie wollte frei sein, tun und lassen, was sie wollte. Doch das ging nicht. Ihre Vernunft bremste sie oft im letzten Moment. Sie wollte leben, sich ausprobieren, nicht darüber nachdenken, dass sie einen Partner hat und somit keine heißen Flirts und Sex mit jemand anderem haben darf. Durch diesen inneren Kampf ging es mit ihren Gefühlen zu Christian bergab. Ihre Leben begannen mehr und mehr, sich voneinander zu entfernen. Ihr schlechtes Gewissen wegen ihrer Flirts mit Gerrik, die immer gefährlicher wurden und die sich abschwächenden Gefühle für Christian brachten sie schließlich zu der

Entscheidung, die Beziehung zu beenden. Wieder verletzte sie einen anderen Menschen, weil sie wild und frei sein wollte.

In einer Beziehung zu sein und gleichzeitig Flirts und Sex mit anderen zu haben, war für sie damals unvorstellbar. Sie kannte niemanden, der:die so lebte. Offene Beziehung oder gar Polyamorie waren ihr noch nicht begegnet.

Trotzdem fielen ihr die Trennungen immer schwer. Ihr Gewissen schlug Alarm. Und ihre Verlustangst saß so tief. Sie sah sich zur Trennung gezwungen, wollte die Person aber nicht verlieren. Vermutlich beendete sie deshalb die Beziehungen auch immer erst, nachdem sie gewisse Grenzen überschritten hatte, aber immer noch so rechtzeitig, dass sie doch in eine Freundschaft übergehen konnten. So behielt sie die Kontrolle und konnte die Beziehung lösen, bevor die Männer es vielleicht getan hätten, wenn sie fremdgegangen und es irgendwann rausgekommen wäre.

Aber so konnte es nicht weitergehen! Als sie Manuel kennenlernte, nahm sie sich vor, alles anders zu machen. Sie wollte nicht wieder dort landen, wo sie mit ihren bisherigen Beziehungen gelandet war. So trafen sie sich nur zum Sex und es war längere Zeit unbeschwert zwischen ihnen. Und als sie Aron traf, nahm sie sich ein Herz: Sie erzählte Aron von Manuel. Sie war in Aron verliebt und wollte mit ihm eine Beziehung starten. Aber sie wollte dafür nicht den Sex mit Manuel aufgeben. Und so willigte Aron ein. Lange konnten sie das Konstrukt nicht halten. Sarah spürte, dass sich Aron nur darauf eingelassen hatte, um sie nicht zu verlieren. Aron ging es immer schlechter damit und sie stand vor der Wahl: Beziehung mit Aron oder Sex mit Manuel?

Zum ersten Mal durchbrach sie ihr bisheriges Muster: Ihr Bedürfnis nach Verbundenheit und Sicherheit war so stark, dass sie sich für die Beziehung mit Aron entschied und das Techtelmechtel mit Manuel beendete.

Ob sie das bereut hat? Nein! Denn auch mit Aron erlebte sie eine schöne Beziehung mit vielen positiven Erfahrungen. Sie spürte immer mehr: Sie wollte nur mit Menschen in einer Beziehung sein, die gut mit ihr umgehen und sie so lieben, wie sie ist. Die guten Beziehungserfahrungen mit Daniel, Christian und Aron schufen dafür genauso die Grundlage wie ihre frühen Bindungserfahrungen mit ihren Schwimm-Mädels.

Wir könnten jetzt noch ewig weitererzählen. Wie Sarah eines Tages Marco kennenlernte, wegen ihm ihre Beziehung mit Aron beendete und dann kurze Zeit später von Marco verlassen wurde. Sie war wieder gefangen im Fluch der seriellen Monogamie. Wie Sarah ihr Studium zur Sozialpädagogin und eine Therapie zur Verarbeitung des Todes ihres Vaters anfing, die ihr richtig guttat. Wie sie von zu Hause auszog, mit ihrer Mutter das Haus verkaufte und eine Menge weiterer Themen für sich bearbeitete. Das alles führte sie durch eine schwere, aber auch heilsame Zeit, in der sie von tollen Menschen, ihren Schwimm-Mädels, ihren Abi-Mädels und vielen anderen treu getragen wurde.

Doch eines Tages passierte etwas, das ihr Leben abermals vollkommen verändern sollte und es bis heute tut. Ein neuer Mann trat in ihr Leben. Nick.

Wie Nick wurde, wer er ist

Nicks Lebensreise startete im Jahre 1985 in Hamburg so, wie man es sich nur wünschen kann. Seine Eltern, sein großer Bruder, seine Großeltern, Onkel und Tanten gaben ihm ein liebevolles Umfeld, durch das er unterstützt wurde in allem, was er tat.

Besonders die Familie seiner Mutter prägte Nick durch ihre fröhliche Art, durch viele Feste und viel herzliches Beisammensein. Es war stets nicht nur in Ordnung, so zu sein, wie man war. Man durfte auch Dinge anders machen als andere, ohne mit Kritik oder Geringschätzung rechnen zu müssen. Und so lernte Nick schon früh, wie wichtig Toleranz und Akzeptanz sind. Er lernte, alles so zu nehmen, wie es kommt und auf Situationen einzugehen, sobald sie anstehen.

Schon früh hatte er auch eine besonders enge emotionale Bindung zu den Eltern seines Vaters, die allerdings bald krank wurden und verstarben. Das war seine erste Konfrontation mit dem Tod von ihm lieb gewonnenen Menschen. Es war das erste, aber bei Weitem nicht das letzte Mal, und damals ahnte er noch nicht, wie intensiv ihn dieses Thema noch sein Leben lang begleiten würde.

Nick war früh selbstständig und hatte seinen eigenen Kopf, war aber gleichzeitig auch ein sehr schüchterner, unsicherer Junge. Die große Ausnahme war der Sport. Zum Leidwesen seiner Mutter konnte er schon mit etwas über sechs Monaten laufen. Bewegung machte ihm schon damals viel Spaß und es war klar: Wenn der große Bruder irgendwo herumturnte, wollte sich der kleine Nick nicht abhängen lassen.

Als sein Bruder mit Handball anfing, kam Nick konsequenterweise schnell dazu und übersprang eine Altersklasse, weil er motorisch schon so gut entwickelt war und mit Leichtigkeit mitspielen konnte. Durch den Sport und seinen großen Bruder wurde Nick schon in seiner frühen Kindheit sehr ehrgeizig, wollte immer besser sein und konnte sich in kurzer Zeit zu Höchstleistungen pushen.

Später kam er zum Fußball und knüpfte im Mannschaftssport neue Freundschaften. Sport wurde zu einem essenziellen Teil seines Lebens, selbst als Fußball für ihn den Reiz verlor und er sein eigener Trainer wurde.

Nicks Bruder war wichtig für ihn, ihr Verhältnis war immer gut, auch wenn sie sich in der Pubertät manchmal lieber aus dem Weg gegangen waren. Beide waren charakterlich sehr verschieden. Nick war ein verbindender Typ, der viele Freund:innen hatte und dessen Kalender voll gewesen wäre, wenn er damals einen gehabt hätte. Sein Bruder war mehr der Typ Eigenbrötler mit wenigen, aber guten Freund:innen. Aber wenn es darauf ankam, waren die Brüder immer füreinander da.

Dass Nick ein Beziehungsmensch ist, erkennt man auch daran, dass manche Freundschaften, die er bereits in der Vorschule geschlossen hatte, bis heute halten. Es war für ihn stets selbstverständlich, Freundschaften, die sich im Lauf des Lebens voneinander entfernt hatten, nicht als »aufgekündigt« anzusehen, sondern immer wieder zu reaktivieren. Auch, als mit dem Wechsel in die weiterführende Schule der Ton rauer und die Cliquenbildung stärker wurde, fand Nick schnell neue Freund:innen, mit denen er sich wohlfühlte. Mit der Zeit veränderte sich auch seine Einstellung zu seinen Noten: Je mehr er spürte, wie wichtig ihm zwischenmenschliche Verbindungen waren, desto weniger relevant erschien es ihm, mit Leistungen zu glänzen. Er blieb immer im guten Mittelfeld, aber setzte seinen Fokus neu. Obwohl er auch gerne studiert hätte, entschloss er sich am Ende doch zu einer Ausbildung.

Während seiner Schulzeit starb Nicks Opa nach langer Krankheit. Das war seine nächste bittere Begegnung mit dem Tod. Sein Opa war selbstständiger Handwerker gewesen, immer sehr fleißig, und hatte sich nach dem Krieg eine solide Basis aufgebaut, mit der er sich und seiner Familie ein gutes Leben ermöglichen konnte. Er hatte es bis zu seiner Krankheit in vollen Zügen genossen.

Sein Opa hatte Nick stets ermutigt, ordentlich zu lernen, um einen guten Job zu bekommen und irgendwann ein gutes Leben führen zu können. Aber Nick wurde durch den Tod des Opas auch bewusst, wie schnell ein zufriedenes Leben zu Ende sein konnte. Uns so beschloss er, das Leben zu genießen und gleichzeitig noch mehr auf die Gesundheit zu achten, die einen wesentlichen Teil zum Wohlbefinden beiträgt.

Doch das Damoklesschwert von Abschied und Verlust wollte nicht aus Nicks Leben weichen. Mit Nicks Schulabschluss bekam sein Vater die Diagnose Lungenkrebs. Recht schnell stand fest: Ein Lungenflügel musste raus. Das war eine riskante Operation. Seine Eltern hielten die genaueren Informationen von ihm und seinem Bruder fern, um beide zu schützen. So blieb die Situation für Nick surreal und ungreifbar, was sie nicht besser machte.

Beim Sport konnte Nick all das vergessen. Adrenalin war schon immer seine Droge gewesen, hohe Geschwindigkeiten faszinierten ihn. Also blieb es nicht beim Fußball. Schnell lenkte er seinen Blick auf Funsportarten wie Inlineskaten, Mountainbiken oder Wakeboarding. Er mochte den lässigen Lifestyle, er liebte es, easy durch die Gegend zu skaten, Treppengeländer runterzugrinden, in der Pipe zu fahren und den neusten Shit an Hip-Hop oder Techno zu hören. Mit 15 Jahren kaufte er sich sein erstes eigenes Mountainbike mit seinem zusammengesparten Geld.

Musik spielte schon immer eine wichtige Rolle in Nicks Leben. Er verbindet mit manchen Songs bestimmte Situationen und kann sich so in damalige Gefühlswelten hineinzoomen. Nick verknüpft mit der Musik nicht nur Emotionen, sondern kann dazu auch ganz konkrete, prägende Erinnerungen abrufen.

Nick hatte früh gelernt, mit dem glücklich zu sein, was er hat. Während andere weit in den Urlaub weggeflogen sind, fuhr er mit seiner Familie an die Ostsee. Von Hamburg nicht gerade eine Fernreise. Das war damals nervig. Aber heute weiß er die Erkenntnis zu schätzen, den Wert von Geld zu kennen und gleichzeitig zu wissen, dass Geld zu haben nicht automatisch bedeutet, glücklich zu sein.

Nach der Schule wollte er deshalb einen Beruf erlernen, der ihm Spaß machte und in dem er entweder seine kreative Ader ausleben konnte oder der ihm Adrenalin und Nervenkitzel brachte. Zunächst funktionierte das nicht, er landete im Gleisbau der Deutschen Bahn und haderte während seiner gesamten Ausbildung mit dieser Entscheidung. Aber die Ausbildung forderte ihn durch Einsätze auf vielen Baustellen auch weit außerhalb Hamburgs. Nick hatte seine erste kurze Liebesbeziehung und fing an, sich mit Frauen locker zum Sex zu verabreden. Die Zeit war verrückt und auf unterschiedlichen Ebenen herausfordernd für ihn.

Während er mit unterschiedlichen Frauen sexuelle Erfahrungen sammelte, fing er schon bald an, sich zu fragen, warum es eigentlich so »unnormal« ist, andere Frauen sexuell anziehend zu finden, während man in einer Beziehung ist. Er konnte es sich nicht beantworten – und er kannte auch niemanden, um diese Frage zu bereden. Also legte er sie erst einmal zur Seite.

Als er seine erste große Liebe traf, ging das Chaos richtig los. Das Auf und Ab der Gefühle, komische neue Verhaltensweisen und die Erkenntnis, dass er das erste Mal hoffnungslos in einen Menschen verliebt war, brachten nicht nur schöne Gefühle mit sich, sondern auch ein ganzes Stück Unsicherheit und Angst, diesen Menschen zu verlieren.

Zu diesem Zeitpunkt spielte Eifersucht keine große Rolle. Eher kroch erneut der Gedanke in ihm empor, was denn eigentlich mit ihm los war: Er liebte seine Freundin, hatte aber trotzdem sexuelles Verlangen nach anderen. Was stimmte nicht mit ihm? Er fing an, sich zu fragen, ob er sie vielleicht am Ende nicht richtig liebte.

Nicks Umfeld war sehr konservativ geprägt und er wurde schief angeguckt und angepflaumt, wenn er im Club einmal mit einer anderen Frau sprach oder ihr »falsche« Blicke zuwarf.

Während er noch über seine seltsamen Gelüste nachdachte, beendete seine Freundin eines Tages unerwartet die Beziehung mit der dürren Begründung: Ich liebe dich nicht mehr. Die Trennung kam für Nick aus heiterem Himmel und traf ihn wie ein Schlag. Die Erinnerung an all die lieben Menschen wie seine Großeltern und seinen Vater, die ihm genauso plötzlich ganz oder beinahe aus dem Leben entrissen worden waren, kamen in ihm hoch. Die Ausbildung forderte ihn heraus, er war ständig auswärts und kaum zu Hause, und nun musste er auch noch mit den ihn übermannenden Gefühlen klarkommen. Er behielt seine Situation weitgehend für sich und teilte sie nur mit wenigen.

In den darauffolgenden Jahren hatte Nick einige interessante und spannende Begegnungen mit Frauen, bei denen er immer mehr und mehr zu sich, seinen Werten und seinen Bedürfnissen fand. Sobald aus dem Techtelmechtel aber eine Liebesbeziehung entstand, folgten nach einiger Zeit wie unausweichlich die schicksalhaften Worte: Ich liebe dich nicht mehr.

Wie es bei Trennungen häufig der Fall ist, versuchte Nick zu vergessen, sich abzulenken und nicht wissen zu wollen, was seine Verflossenen machten. Aber irgendwann fand er heraus: Er wurde immer betrogen. »Ich liebe dich nicht mehr« war für diese Frauen einfach ein Synonym dafür, etwas Neues zu haben und sich dem Konflikt mit ihm nicht stellen zu wollen.

Das war einerseits eine tröstliche Erkenntnis. Denn das hieß, es lag nicht an ihm. Es war nicht so, dass niemand mit ihm zusammen sein wollte. Auf der anderen Seite war die

Erkenntnis aber auch bitter: Die Frauen hatten jemand anderen getroffen und glaubten, deshalb die Verbindung mit Nick beenden zu müssen. Das war genau das, was er noch nie verstanden und schon lange leise infrage gestellt hatte. Aber wie es schien, konnte man leicht ausgetauscht werden. War dies das grausame Spiel, das man Liebe nannte?

Sich das zu fragen, war schmerzhaft, aber es half ihm auch, sein Selbstwertgefühl zurückzuerobern. Das hatte er zeitweise sehr infrage gestellt. Er wusste jetzt: Er war keine schlechte Partie. Er fand sich nur in einem sehr verrückten Game gefangen. Es hieß »serielle Monogamie« und hatte brutale Regeln. Zu diesem Zeitpunkt wusste er noch nicht, dass er eines Tages aus diesem Spiel aussteigen würde. Bis dahin allerdings sollten noch viele Jahre vergehen.

Nicks langer Traum nach einem Job mit Adrenalin und Action wurde wahr, als er zur Werkfeuerwehr der Bahn wechselte. Der Job war körperlich und psychisch herausfordernd – aber genau das wollte er und er genoss es. Er fühlte sich nach kurzer Zeit pudelwohl und angekommen.

Diese Sicherheit brachte ihn auch wieder zurück ins Daten. Nick wagte, wieder offen für Verbindungen zu sein. Nach all den Enttäuschungen war das kein leichter Schritt.

Wie wir wurden, wer sie sind

In einer tristen und langweiligen Wochenendschicht auf der Feuerwache stolperte Nick beim Durchstöbern von Gruppen des damals angesagten Portals *StudiVZ* über das Profil einer Sarah. Er schrieb ihr eine Nachricht, sie antwortete und es funkte. Kurz darauf tauschten wir Nummern aus und aus Virtualität wurde Realität.

Das erste Treffen in der Vorweihnachtszeit war lustig

und intensiv. Wir lachten viel, wurden Zeuge eines unbeholfenen Leuchtweihnachtsmann-Diebstahls und beendeten den Abend mit einem langen Gespräch in Sarahs Auto. Ohne Sex, aber mit der Gewissheit: Wir wollen uns wiedersehen!

Sarah erzählte Nick von ihren letzten Beziehungen, auch davon, dass Aaron eine Zeitlang die Affäre mit Manuel geduldet hatte. Nick war ein bisschen überrascht, ließ es aber erst mal auf sich zukommen. Das ist hier eine lockere Sache, dachte er. Sarah war ihm einfach megasympathisch und der Sex war richtig gut.

Wir ließen das Ganze einfach laufen, wussten aber beide, dass wir mehr füreinander empfanden. Bisher hatte das nur niemand ausgesprochen. Eines Tages frage Sarah am Telefon aus heiterem Himmel: »Sag mal, was ist das denn jetzt zwischen uns? Lohnt es sich, dich meinen Freundinnen vorzustellen oder nicht?« Zum Glück gab es noch keine Videotelefonie, denn Sarah hätte einen über beide Ohren grinsenden Nick gesehen. Trocken und souverän erwiderte er: »Klar lohnt sich das!« Damit war unser Schicksal besiegelt. Wir waren zusammen.

In den nächsten Jahren wurden wir alles füreinander – zugleich beste:r Freund:in, vertrauensvolle:r Partner:in und heiße:r Liebhaber:in. Für Nick stand fest, dass »Ich liebe dich nicht mehr« in seinem Leben vorbei war. Und Sarah war sich sicher, dass sie von nun an keine anderen Männer mehr interessieren würden.

Der Rest ist Geschichte.

Wer bin ich wirklich?

Wenn Sarah heute auf ihre Vergangenheit zurückblickt, auf sechs Beziehungen und ihre ständigen Männergeschichten nebenher, auf die ewige Hoffnung, es mit der Monogamie doch noch schaffen zu können und dann die Enttäuschung, wenn es doch wieder anders lief, dann spürt sie: Sie hat sich mit alldem wunderbar und lange Zeit von ihren eigenen Themen ablenken können. Sie suchte den Kick wegen des Kicks – aber auch, um die belastenden Gedanken, die Albträume, die Leere zu verdrängen.

Sie macht sich daraus keinen Vorwurf und möchte auch nicht viel aus dieser Zeit missen. Denn sie hat viel über sich selbst gelernt. Außerdem war sie jung und wusste vieles noch nicht besser. Sie hatte diese Zeit gebraucht. Sie hatte sie überleben lassen, sie hatte sie davon abgelenkt, dumme Dinge zu tun, um ihren nicht verarbeiten Schmerz zu beenden.

Und sie hat ihr gezeigt, wer sie wirklich ist: eine freiheitsliebende, abenteuerlustige Frau, der vertrauensvolle Beziehungen im Leben das Wichtigste sind. In der späteren Verarbeitung des großen Knalls mit Nick und mit dem Entschluss der beiden, endlich mehrere Menschen gleichzeitig lieben zu dürfen, konnte sie endlich beides zusammenfügen. Und damit den Fluch der seriellen Monogamie durchbrechen.

Diese Erfahrungen prägten sie so sehr, dass das Thema »Beziehungen führen« auf mehreren Ebenen zu ihrer Passion wurde. Inzwischen legt sie beruflich wie privat ihr Augenmerk auf Liebe und andere zwischenmenschliche Beziehungen. Denn für sie ist transparente, offene, respektvolle und bedürfnisorientierte Kommunikation der Türöffner für lange, glückliche und stabile Beziehungen.

Beruflich konnte sie sich die theoretischen Grundlagen aneignen, erkannte aber schnell, dass ihr jahrzehntelanges persönliches Durch- und Erleben ihre größte Ressource ist, mit der sie arbeiten und Menschen unterstützen kann. Sie stellte sich stets in Beziehung zu ihren eigenen Beziehungen und hielt sich dadurch immer wieder selbst den Spiegel vor. Sie durfte nicht faul mit sich selbst sein, ist oft gegen den Strom geschwommen, ist lieber den schweren als den leichten Weg gegangen. Sie hat auf diesem Weg unglaublich viel geliebt und viele Schmerzen erlebt und kann am Ende des Tages doch sagen, dass sie nicht glücklicher sein könnte, als sie es ist.

Heute führt sie ein selbstbestimmtes und leichtfüßiges Leben mit Nick und vielen weiteren großartigen Menschen an ihrer Seite. Wir finden, dieses Leben hat jeder Mensch verdient. Wir möchten Menschen glücklich sehen, ihnen zeigen, wie sie ihr Leben, ihr Glück und ihre Liebe (wieder)finden können. Wir haben nur dieses eine Leben.

Auch wenn Nick, von außen betrachtet, keine schlimmen und klassisch traumatischen Erlebnisse in seinem Leben hatte, zog sich das Thema Verlust durch sein Leben; durch Krankheit und den Tod von lieb gewonnenen Menschen genauso wie durch das plötzliche Fallengelassen-werden in einer Beziehung.

Das Thema hatte für ihn einen bedrohlichen Charakter, denn er wusste, wie es sich anfühlte, von heute auf morgen auf die eine oder andere Art Menschen aus seinem Leben zu verlieren. Und selbst in der Zeit mit Sarah gab es mehrere Todesfälle in seinem nahen Umfeld.

In unserer Krise spielte diese Angst stark in seine Gefühlswelt hinein und er lernte zu verstehen, warum so scheinbar normale Ereignisse wie der Tod eines Menschen für ihn selbst so bedrohlich wurden.

Von Sarah wusste er bereits, dass Psychotherapie in Anspruch zu nehmen nichts ist, wofür man sich schämen muss. Er kannte verschiedene Therapieformen und aus ihren Erzählungen, wie so etwas abläuft. Das gab ihm Sicherheit und Mut, diesen Schritt auch für sich und seine weitere Entwicklung zu gehen.

Ob Schicksal oder nicht: Der Beginn der Therapie überschnitt sich zeitlich mit unserer Beziehungskrise. Für Nick ergab sich so die Gelegenheit, die Erlebnisse aus seiner Vergangenheit anhand der brandaktuellen Situation zu bearbeiten.

Was ihn stützte und unsere Beziehung während dieser Zeit der Neuorientierung nie hat abschwächen lassen, war unser offener Umgang miteinander und dass wir einander jede Frage, egal wie blöd uns diese vielleicht auch erschien, beantworten. Wir hatten während der Krise immer das Gefühl, dass wir im Dialog stehen und am gleichen Strang ziehen, ohne Angst haben zu müssen, dass wir morgen nicht mehr zusammen sein werden. Für Nick war es essenziell zu wissen, dass morgen nicht schon wieder ein Mensch aus seinem Leben verschwinden würde. Dieses Vertrauen konnte er aufbauen – und das war es, was ihm durch die Krise half.

Ihr habt es in der Hand!

Wir möchten mit unserer Geschichte denjenigen Mut machen, die auch an sich gezweifelt haben, denen auch schmerzhafte Dinge in ihrem Leben passiert sind, deren Leben auch gezeichnet wurde. Wir möchten euch zeigen, dass ihr Trauer und Schmerz spüren dürft, auch wenn eure Welt nach außen privilegiert erscheint. Solltet ihr keinen Mut mehr haben, möchten wir euch zeigen, was wichtig im Leben ist und wen oder was ihr benötigt, um die Sonnenseite des Lebens (wieder)sehen zu können.

Und ist bewusst, dass wir alle ganz individuelle Geschichten haben. Wir stehen alle an unterschiedlichen Punkten. Unsere Geschichte ist nur unsere – und eure ist eure. Für uns ist jeder Mensch eine eigenständige und individuelle Persönlichkeit, losgelöst von stigmatisierten Rollenbildern und sexuellen Orientierungen.

Wir wollen Menschen auf Augenhöhe begegnen, indem wir sie in ihrer Ganzheit sehen, mit allen Ecken und Kanten. Wir respektieren, wertschätzen und anerkennen die Sozialisation und Biografie jedes Menschen, weil jede:r das Endprodukt der eigenen Geschichte ist.

Wir glauben aber auch, dass jede:r von uns diese Geschichte ab einem bestimmten Punkt im Leben selbst gestalten kann. Allein oder mit Hilfe und Unterstützung von anderen.

In uns Menschen stecken so viele Möglichkeiten, sie sind nur manchmal verborgen, blockiert oder noch nicht sichtbar. Manchmal benötigen wir nur das richtige Werkzeug, um sie in all ihrer Schönheit zu entfalten.

Und egal, wie alt wir sind: Wir können und dürfen weiterwachsen, denn Entwicklung kennt kein Ende.

VI DIGGI, DAS KLOPAPIER IST ALLE! — ODER: WIE MANAGT MAN DAS EIGENTLICH?

Kann man mehrere Beziehungen unter einen Hut bekommen?

☐ ja ☐ nein ☐ weiß nicht

Eine der häufigsten Fragen, die uns gestellt wird, ist: Wie kriegt ihr das alles auf die Reihe? Ich bin ja schon mit einer Beziehung überfordert!

Dass Liebe nicht kleiner wird, wenn man sie teilt, das mag für die meisten Menschen noch einleuchten. Aber Zeit und Aufmerksamkeit sind nun einmal begrenzte Ressourcen. Zeit vermehrt sich im Gegensatz zur Liebe nicht, wenn man sie zwischen verschiedenen Menschen aufteilt. Im Gegenteil: Mit jedem Menschen kommt noch Koordinationsaufwand dazu. Das kennt, wer mehr als einen Menschen zum eigenen Freundeskreis zählt. Also wir alle. Aber natürlich verschärft sich das, sobald manche dieser Freundschaften einen intimeren oder sogar romantischen Charakter bekommen.

Alternative Beziehungsformen erfordern tatsächlich Organisationstalent, je nachdem, wie viele Menschen involviert sind und wie die Konstellationen gestrickt sind. Eine Freundin von uns wurde einmal süffisant gefragt, wie viele Männer sie denn vorhat, sich zu »halten«. Irgendwann ist unser aller Kapazität am Ende.

Wir haben mehrere Schichten an Beziehungen um uns als Paar herum – ähnlich wie bei einer Zwiebel. Am nächsten sind uns IKEA-Anna und IKEA-Peter (Anna hatten wir auf einer Party kennengelernt, bei der sie eine riesige IKEA-Tasche mithatte, daher dieser Name), die »Parkbank« (ratet mal, warum die so heißen), Kinky-Anna und Leemchen, mit der Nick eine inzwischen sehr tiefe Beziehung hat. Mit den IKEAs bilden wir die »Poly-Family«. Diese Bezeichnung hat aber mehr historische Gründe. Alle genannten zusammen sind unser »Poly-Schiff«. Wir sind Hamburger:innen und haben einen natürlichen Hang zu Meeresmetaphern, dem wir fast hilflos ausgeliefert sind!

Das Schiff ist für uns tatsächlich ein sehr passendes Bild. Denn diese Menschen bilden die Grundlage für unser Leben. Für uns sind sie das Wichtigste, das wir in unserem Leben haben. Es ist nicht übertrieben, wenn wir sagen, dass unser Miteinander unsere Erfüllung ist. Es bedeutet für uns Geborgenheit und »angekommen« sein. All die lockeren Beziehungen, die hin und wieder dazukommen und auch wieder gehen, sind willkommen und nicht weniger wert. Aber sie sind wie Passagiere, die eine Zeitlang mit an Bord kommen, und irgendwann teilen sich die Wege auch wieder. Das Schiff aber bleibt und setzt seine Reise fort. Manchmal ist unser Schiff auch eine ganze Weile ohne weitere Passagiere unterwegs.

Auf unserem Schiff kennen sich alle gut. Und es ist wichtig, dass sie sich kennen. Wir teilen viel in unseren

Leben, obwohl wir so verschiedene Leben haben. Wir sind in einem gewissen Sinn eine Zufallsgemeinschaft, weil sich die einzelnen Personen vermutlich nie gefunden hätten. Aber ist das nicht mit jedem Freundeskreis so? Und mit jeder Familie? Werden nicht jede Sekunde auf dieser Welt aus Zufallsgemeinschaften Weggefährten? Nicht umsonst sind solche Konstellationen eine fast archetypische Grundlage in den Erzählungen der Menschheitsgeschichte – von den klassischen griechischen Göttersagen bis hin zu Star Wars, Herr der Ringe oder Oceans Eleven. Es ist dieses menschliche Urwissen, dass tragfähige Gemeinschaft dann entsteht, wenn Menschen scheinbar willkürlich zusammenfinden und dann fest zusammenwachsen, weil sie die gleichen Werte und Ziele teilen. Gleichzeitig bleiben sie dabei aber eigenständige, starke Charaktere, die diese Gemeinschaft in vielen Farben schillern lassen. Nur aus freien Individuen kann ein stabiles Wir entstehen, das kein einheitlicher, schwerfälliger Klumpen ist, sondern eine vielfältige, bunte und widerstandsfähige Gemeinschaft.

Wir sind keine Gött:innen, keine Ring-Spediteur:innen und wir rauben auch keine Banken aus. Aber uns als unverblümtes Poly-Schiff verbindet die Vision von queerer Freiheit, tiefer Liebe und von geteiltem Leben. Wir wollen nicht die ganze Welt verbessern, aber uns und die Menschen um uns herum glücklich wissen. Und den Mut dazu wollen wir an euch weitergeben.

Natürlich ist auch unser Poly-Schiff gewachsen, und es ist nicht ausgeschlossen, dass irgendwann noch weitere Menschen fester Teil davon werden oder wir Menschen vielleicht auch wieder gehen lassen müssen. Doch die bestehenden Beziehungen haben für uns absolute Priorität. So wie es jede:r von uns auch mit den eigenen Freund:innen und Bekannten tut: Die engen Menschen sieht man oft, die etwas weiter entfernten (gleichwohl das Miteinander in gemeinsamen Momenten zauberhaft sein kann) sieht man seltener.

Zeitmanagement: Macht eure Kalender bunt!

Das alles will in der Tat gut organisiert sein. Bei uns ist Sarah das Organisationstalent. Wir haben geteilte Kalender am Handy, in die wir unsere eigenen Termine eintragen. So ist für uns immer ersichtlich, was eine:r von uns mit wem geplant hat, und damit auch, wann noch Zeit frei ist. Das läuft ziemlich smooth: Wenn Nick etwas mit jemandem ausmachen will, dann schaut er in den Kalender und sieht neben Zahnarzt und Heilpraktikerin auch die Dates von Sarah oder unsere gemeinsamen Treffen mit anderen Menschen. Nick kann jetzt für seinen eigenen Termin einen freien Spot suchen. Sarah bekommt eine Push-Benachrichtigung und ist informiert. Voilà.

Daneben haben wir mit manchen Menschen gewisse Rhythmen: Mit IKEA-Anna und IKEA-Peter verbringen wir oft die Wochenenden, dann schlafen die beiden auch bei uns. Mit der Parkbank und Kinky-Anna versuchen wir ebenfalls, uns einmal die Woche zu treffen. Meist organisiert Sarah unsere gemeinsamen Treffen und trägt sie in den Kalender ein. Und auch mit Leemchen hat Nick seine regelmäßigen Tage.

Hin und wieder will eine:r von uns sich gern mit jemandem bei uns zu Hause treffen. Wir sind da miteinander nicht so zimperlich und fragen dann einfach, ob sich der:die andere vielleicht in dieser Nacht »wegorganisieren« kann. Dafür haben wir jeweils unsere Möglichkeiten.

Dabei sind wir als (bewusst) kinderloses Paar natürlich sehr flexibel. Freund:innen von uns, die zwei Kinder haben und beide noch jeweils eine:n weitere:n Partner:in, haben mehrere Kalender in verschiedenen Farben: je einen für die beiden, einen für die gemeinsamen Termine der beiden, jeweils einer für die gemeinsamen Termine mit den anderen

Parter:innen, einen für die Kinder und einen für alle zusammen. Und jede:r abonniert in voller Transparenz die Kalender, die die Person sehen will. Das ist ein wunderbar bunter Poly-Kalender.

Das ist alles ein bisschen Aufwand, aber mit ein bisschen Gewöhnung gelingt das wirklich easy. Egal ob bei iOS oder Android: Ihr könnt die Kalender teilen und die entsprechenden Berechtigungen vergeben. Jeder Kalender kann seine eigene Farbe haben. So habt ihr alles im Blick. Ihr könnt in der Kalender-App auch einzelne Kalender ausblenden, wenn euch gerade nicht interessiert, was jemand anderer macht. Schließlich kann es schon einmal vorkommen, dass ihr mitten im Meeting eine Push-Benachrichtigung im Stil von »21.9. Christoph: Nacht mit Vanessa« bekommt. Das sollte euch nicht aus der Ruhe bringen – höchstens eure Neugier darauf wecken, wer wohl Vanessa ist.

Diese Art, Termine zu organisieren, bietet noch eine ganz andere Chance, nämlich, sich bewusst Zeiten füreinander zu nehmen. Viele Pärchen leben zusammen, verbringen ihren Alltag gemeinsam und treffen sich gemeinsam und allein mit Menschen aus dem Freundeskreis. Sie scheitern in diesem Trubel aber oft daran, sich bewusst Zeiten für sich als Paar zu nehmen. Das passiert in alternativen Beziehungsformen automatisch mit den Partner:innen, mit denen man nicht zusammenwohnt. Aber auch mit dem:der Nestpartner:in ist es wichtig, sich bewusst Zeiten füreinander – ohne Netflix und ohne vibrierende Telefone – zu nehmen. Damit es zwischen euch weiter vibriert. Völlig egal, ob ihr exklusivmonogam lebt oder noch andere Beziehungen habt.

Die Verbindung halten

Wir wissen: Unsere Zeit und unsere Aufmerksamkeitskapazität vermehren sich nicht mit jeder zusätzlichen Beziehung. Mit mehreren Beziehungen stehen wir in der Herausforderung, die gleiche Zeit und das gleiche mögliche Maß an Aufmerksamkeit auf mehrere Menschen zu verteilen. Klar, dass der Anteil »an uns«, den die einzelnen Menschen dann bekommen, erst einmal geringer zu werden scheint.

Das ist in Polykonstellationen und auch in unserer eigenen Realität eine der häufigsten Herausforderungen: Einzelne Personen wünschen sich mehr Zeit, die (scheinbar) von irgendwem anderen abgegeben werden muss. Wir wollen aber gleichzeitig nicht, dass sich jemand weniger geliebt fühlt – denn das ist nicht der Fall. Ist das denn also überhaupt möglich?

Welche Liebessprachen sprechen eure Lieblingsmenschen?

Der amerikanische Paar- und Beziehungsberater und Autor Gary Chapman hat mit seinem Buch *Die fünf Sprachen der Liebe* nicht nur einen Bestseller gelandet. Seine Idee, dass wir uns alle durch unterschiedliche Aspekte geliebt fühlen, ist inzwischen weltweit fester Bestandteil in Paartherapien und -coachings.

Chapman unterscheidet fünf dieser Sprachen: Lob und Anerkennung, Qualitytime zu zweit, Geschenke, Hilfsbereitschaft und Zärtlichkeit. Wir denken, dass es noch eine ganze Reihe mehr gibt, zum Beispiel liebevolle Aufmerksamkeit in Form von kleinen Botschaften. Vielleicht wisst ihr schon selbst ganz gut, worauf ihr anspringt.

Die wichtige Botschaft ist: Wir können nicht einfach davon ausgehen, dass sich jede:r geliebt fühlt, wenn wir mit einem Strauß roter Rosen anrücken. Manche Menschen finden solche Geschenke megatoll, andere strengen sie an, weil sie nicht auf Geschenke stehen und sich in der Zwangslage sehen, irgendwo einen Platz dafür freiräumen zu müssen, obwohl sie Rosen hassen. Und euch auch bald, wenn ihr weiter rote Rosen anschleppt!

Auch das Bedürfnis nach gemeinsamer Zeit ist unterschiedlich. Manche Menschen lechzen nach den gemeinsamen Haut-an-Haut-Momenten und fühlen ohne kaum Verbindung. Andere sind glücklich, wenn ihr euch jeden Tag schreibt und ein paar Fotos aus dem Alltag schickt.

Wenn ihr also herausfindet, welche Liebessprachen eure Beziehungspartner jeweils sprechen und welche Bedürfnisse sie bezüglich eures Miteinanders haben, dann könnt ihr ihnen viel leichter eure Liebe zeigen und ihnen das Gefühl der Verbindung mit euch geben. Wenn eure Liebessprachen übereinstimmen, wird euch das natürlich leichter fallen, als wenn ihr die Sprache erst lernen müsst. Zwei Kuschelhasen haben es da leicht. Oder zwei Geschenkefreaks. Aber wenn jemand, dessen Liebessprache Hilfsbereitschaft ist, ein Geschenk aussuchen muss, kann das ein echter Höllentrip sein. Ja: Auch zu schenken, zu loben oder zärtlich zu sein, müssen manche von uns erst lernen. Aber es lohnt sich.

Wenn ihr da seid, seid wirklich da!

Eine der großen Herausforderungen der Monogamie ist, dass wir unsere Beziehung irgendwann als selbstverständlich nehmen. Wir verleben den Alltag miteinander und erleben auch ab und zu besondere Momente. Aber gerade, wenn Kinder im Spiel sind, dann sind die gemeinsamen Zeiten daheim oft von Ablenkung geprägt. Da läuft dann ständig das Radio oder der Fernseher, und das Handy ist nicht nur bei den Teenies an den Händen festgeklebt.

Mit der Zeit verlernt man, sich ganz bewusst Zeit zu zweit zu nehmen. Das ist spätestens dann der Fall, wenn der Sex und die gemeinsamen Gespräche in der Tagespriorität irgendwo zwischen Spülmaschine ausräumen und Müll rausbringen rangieren.

Interessanterweise ist das meist anders, wenn man mit Dates unterwegs ist – oder bei Beziehunsgpartner:innen, mit denen man nicht zusammenwohnt. Plötzlich ist die Zeit heilig und man schenkt einander Aufmerksamkeit und zauberhafte Gespräche. Zumindest am Anfang.

Das in jeder Beziehung zu bewahren, ist im Grunde nur eine Entscheidung. Und eine Frage der Konsequenz. Seid in der Zeit, die ihr zusammen seid, auch wirklich da! Nicht nur bei Dates, sondern auch zu Hause. Legt das Handy beim Essen nicht auf den Tisch, schaltet die Smartwatch auf »nicht stören« oder haltet es zumindest aus, nicht nachzugucken, was da kam, während ihr euch unterhaltet. Und wenn eure Gedanken abschweifen, erzählt euch einfach davon. Das ist manchmal sehr lustig und verbindend.

Schnell werdet ihr merken, dass ihr bei einer neuen Beziehung gar keine Zeit von euren vorhandenen Herzensmenschen borgen müsst, sondern so manch andere Ablenkungen (Ja, wir schauen dich an, Netflix! Ja, auch dich, Perfektionismus!) plötzlich von selbst in den Hintergrund geraten. Wie oft verfallen wir in »Zeittotschlag-Routinen«, die der gemeinsamen Entspannung dienen sollen, aber uns am Ende nur stumm machen? Und wie oft erscheint es uns superwichtig, etwas zu 100 Prozent zu machen, wenn man 80 Prozent in einem Bruchteil der Zeit erreichen könnte – und 80 Prozent völlig genügen? Vielleicht wundert ihr euch, wie viel Zeit ihr habt, wenn ihr nur wollt.

Dating: App oder Kneipe?

Auch wenn unser Schiff unsere Basis ist und wir wirklich viel Zeit in diese Beziehungen investieren, wollen wir beide auch immer wieder neue Menschen kennenlernen. Es gibt polyamore Konstellationen, in denen mehrere Menschen in einer exklusiven Partnerschaft zusammenleben, bei der also niemand weitere Beziehungen hat oder eingeht. Das ist eine wunderbare Wahl, wenn es für alle Beteiligten so passt. Wir wollen dagegen bewusst offen für neue Menschen und Beziehungen sein.

Die Lust auf sexuelle Abenteuer ist dabei das eine. Noch mehr im Vordergrund steht für uns die Neugier darauf, wie Menschen sind, was sie denken, wie sie leben und was sie bewegt. Wir haben nie reine »Fick-Dates«. Uns interessiert immer der ganze Mensch. Nicht selten tritt die Sexualität sogar ganz in den Hintergrund (oder kommt gar nicht erst zum Zug), und es entstehen stattdessen großartige, tiefe, langfristige Freundschaften ohne sexuelle oder romantische Komponenten.

Inzwischen treibt uns zusätzlich noch etwas anderes an: Wir sind extrovertierte Menschen und lieben gleichzeitig den Kick. Sarah noch mehr als Nick. Bei ihr ist das einer der Gründe, warum sie früher fremdgegangen ist und heute polyamor lebt. Wir lieben das Unbekannte, finden es aufregend, uns auf neue Menschen einzustellen, sie mit Kopf, Herz und allen Sinnen kennenzulernen, zu spüren und gemeinsam etwas zu erleben. Wir haben akzeptiert, dass das voll in Ordnung ist. Dass wir diese Sehnsucht nach dem Kick haben dürfen.

Auch, wenn das für uns bedeutet, immer mal wieder auf die Fresse zu fallen, weil es nicht passt oder sich Leute als bescheuert oder gar toxisch herausstellen: Wir haben gelernt, uns diese Sehnsucht weder selbst zu verbieten noch von anderen verbieten zu lassen. Natürlich besteht mit jede:m neuen Menschen im Herzen die Gefahr, verletzt zu werden. Aber wir haben für uns entschieden: Wir werden nicht die Chance auf das Hochgefühl aufgeben, nur um sicher zu sein, nicht mehr verletzt werden zu können. Das ist für uns keine Option.

Früher waren wir auf Dating-Plattformen wie *Tinder, OkCupid* oder *Bumble* aktiv. Nick hat auch noch entsprechende Profile. Aber seit wir immer mehr Menschen aus dem Polykontext kennenlernen, viel auf Partys unterwegs sind und durch unseren Podcast auch viele Menschen mit der entsprechenden Offenheit treffen, ist die Bedeutung von Dating-Plattformen stark in den Hintergrund gerückt. Heute treffen wir fast nur noch neue Leute persönlich auf einer Party oder bei gemeinsamen Aktivitäten im Freundeskreis.

Mit Dating-Apps haben wir sehr unterschiedliche Erfahrungen gemacht: Natürlich kann man großartige Menschen darüber kennenlernen. Aber auf der anderen Seite ist auch wahr: Ihr könnt auf nichts vertrauen! Weder darauf, dass es sich mit einem Menschen, mit dem ihr intensiv geschrieben hat, im echten Leben genauso anfühlt. Noch, ob die Person nicht doch einen an der Klatsche hat.

Da könnt ihr vertrauensvolle Gespräche per Chat, Telefon oder sogar Video führen und alles scheint wie das perfekte Match. Und dann stellt sich die Person in der persönlichen Begegnung entweder als unpassend zu euch heraus oder als toxische Persönlichkeit, bei der ihr (hoffentlich) sehr schnell die Flucht ergreift.

In der Vergangenheit sind wir auch schon ganz schön auf die Nase gefallen. Gut, dass wir das nicht nur mit uns allein ausmachen mussten, sondern uns gegenseitig und unser Poly-Schiff hatten. Heute sind wir gerade bei Online-Dates viel gelassener: Wir können uns zwar trotzdem beim ersten Schreiben mit jemandem durchaus begeistern lassen. Aber wir sind nicht mehr so schnell auf dem »Das-wird-auf-jeden- Fall-mega!«-Trip. Wir lassen es eher entspannt auf uns zukommen. Entweder es ist cool oder halt nicht. Wenn man jemanden direkt persönlich an der Bar kennenlernt, ist das meist einfacher zu erkennen.

Aber nicht immer. Auch wenn das Kennenlernen ein großer Reiz am Daten ist: Geht mit wachsamen Augen in die Begegnung mit anderen, ohne euch den Spaß und die Unbeschwertheit verderben zu lassen. Es reicht oft, einfach mitzudenken. Es ist normal, dass man Menschen erst mit der Zeit immer besser kennenlernt. Es gibt jedoch einige Anzeichen, auf die man beim ersten Date oder bei den ersten Treffen achten kann – übrigens auch als Mensch, der eine exklusive Beziehung sucht. Auf zwei davon wollen wir euch besonders aufmerksam machen:

Warnzeichen 1: Lovebombing

Na klar: Flirten bedeutet, Komplimente zu machen und das Gegenüber wissen zu lassen, dass man es toll findet. Das ist gut so. Wenn euch aber jemand übermäßig mit Komplimenten, Liebe und Aufmerksamkeit überschüttet, dann solltet ihr zumindest aufhorchen.

Oft fühlt ihr euch gebauchpinselt, es scheint zwischen euch gut zu laufen, denn ihr versteht euch wie im Schlaf, obwohl ihr die Person noch gar nicht kennt. Aber so schön sich Lovebombing auch anfühlt: Es deutet häufig auf eine Persönlichkeitsstörung, wie zum Beispiel verdeckten Narzissmus, hin.

Instabile Persönlichkeiten tendieren dazu, ihre eigene Unsicherheit damit zu überdecken, dass sie ihre ganze Aufmerksamkeit auf ihr Gegenüber lenken. Entweder machen sie das unbewusst, weil sie jede Zuwendung aufsaugen wie ein trockener Schwamm und extreme Angst haben, diese

Zuwendung – in Form von euch – wieder zu verlieren. Oder sie machen das bewusst, wie es Narzissten tun, die versuchen, ihr Gegenüber durch große Zuwendung und gleichzeitige subtile Kritik von ihnen abhängig zu machen. In beiden Fällen geht es ihnen gar nicht um euch als Person.

Diese Menschen brauchen Aufmerksamkeit wie Verdurstende. Es sind Energievampire, die euch am Ende nur aussaugen und dann fallen lassen, wenn ihr nicht mehr »liefert«. Wir haben das beide bereits erlebt. Solltet ihr das bemerken: Redet mit anderen darüber. Und wenn ihr es mit Narzissten zu tun habt: Rennt!

Warnzeichen 2: Fehlende Augenhöhe

Das führt uns zum zweiten Warnzeichen, nämlich einem fehlenden Gleichgewicht zwischen euch. Wir sind überzeugt: Beziehungen sollten immer auf Augenhöhe stattfinden. Oder etwas spiritueller gesprochen: Energie sollte nie nur in eine Richtung fließen. Und am Ende einer Begegnung sollten sich beide stärker, besser und glücklicher fühlen als vorher.

Ungleichgewicht kann entstehen, wenn sich eine:r von euch in Gesprächen auf Dauer kleiner fühlt als das Gegenüber. Oder eine Person in der Regel die Entscheidungen trifft und die andere zustimmt. Es kann sich sogar finanziell äußern: Wenn eine:r von euch immer zahlt und das Gegenüber sich immer einladen lässt.

Wenn ihr merkt, dass euch das Miteinander regelmäßig mehr Kraft kostet als ihr daraus bekommt oder ihr euch »weniger« fühlt als euer Gegenüber, dann ist es wahrscheinlich, dass ihr nicht auf Augenhöhe seid. Manchmal erkennt man das schon ganz am Anfang. Manchmal erst mit der Zeit. Es darf selbstverständlich auch Phasen in einer Beziehung geben, in denen jemand deutlich bedürftiger oder schwächer ist. Aber im Großen und Ganzen solltet ihr euch in eurem Miteinander immer die Waage halten.

Besonders extrovertierten Menschen wie uns passiert es aber auch, dass wir die Augenhöhe verlassen, obwohl sie uns eigentlich wahnsinnig wichtig ist. Uns haben Beziehungspartner:innen gesagt, dass sie sich von uns belehrt fühlen. Vielleicht, weil wir es lieben, voneinander zu lernen, fallen auch wir – die gar nicht belehren wollen – genau in diese Falle, wenn wir begeistert von etwas erzählen, was uns wichtig ist. Wir sind immer sehr dankbar, wenn Menschen uns darauf freundlich hinweisen, denn nur so können wir mehr und mehr lernen, die Augenhöhe zu wahren.

Wie viel Transparenz ist beim Daten ratsam?

Ihr habt ein Match auf *Bumble* oder habt jemandem im Club oder der Bahn kennengelernt und der erste Austausch klingt vielversprechend. Ihr wollt dranbleiben, aber es stellt sich bei euch die Frage: Wie offen wollt ihr sein? Sowohl gegenüber der neuen heißen Person in eurem Sichtfeld als auch gegenüber eurem Lieblingsmenschen oder anderen Beziehungsmenschen in eurem Leben?

Im Kontext alternativer Beziehungsformen sind Offenheit und Transparenz wichtige Werte. Schließlich geht es darum, mehrere Beziehungen ohne Lüge und Betrug zu ermöglichen. Das ist für viele Menschen ungewohnt, und vielleicht tastet ihr euch ja selbst auch erst neu auf dieses Gebiet vor. Beim Flirten oder Daten gehen die meisten Menschen in monogamer Selbstverständ-

Beim Flirten oder Daten gehen die meisten Menschen in monogamer Selbstverständlichkeit davon aus, dass die Person entweder zu haben ist oder fremdgeht.

lichkeit davon aus, dass die Person entweder zu haben ist oder fremdgeht.
Wenn ihr sagt, dass ihr in einer offenen Beziehung lebt, kann das bei eurem Gegenüber unterschiedliche Reaktionen hervorrufen, je nachdem, mit welchen Erwartungen die Person selbst dated. Sucht sie schnellen Sex, dann freut sie sich vermutlich. Sucht sie die Liebe ihres Lebens, dann vermutlich nicht.

Im heterosexuellen Kontext glauben euch, wenn ihr ein Mann seid, die Frauen vielleicht auch gar nicht. Es gibt genug Männer, die beim Daten behaupten, sie wären in einer offenen Beziehung, was gar nicht stimmt. Und andersherum haben Frauen – wenn sie es wirklich darauf anlegen – bei den meisten vergebenen Männern keine Schwierigkeit, sie ins Bett zu kriegen (Sorry, Guys, es ist, wie es ist!). Aber wenn die Frauen es lieber offen und transparent machen wollen, sind viele Männer raus. Affären zu haben ist drin, die Eier in der Hose, ehrlich auch gegenüber der eigenen Partnerin zu sein, haben sie aber oft nicht. Das ist blöd, wenn ihr nicht eine Spur der Verwüstung und Lüge in anderen Beziehungen hinterlassen wollt, auch wenn ihr eure eigene Sexualität selbst frei leben könnt.

Aber auch das Daten von Menschen in offenen Beziehungen kann herausfordernd sein. Nick zum Beispiel hat in sieben Jahren nur eine Frau aus einer offenen Beziehung gedated. Die Regeln, die sich Paare in offenen Beziehungen ausmachen, können die Treffen anstrengend machen. Da ist der Ofen für Nick bereits aus, noch bevor er es angehen kann. Also trifft er sich nur mit Singles, denn jemanden beim Betrug zu unterstützen, finden wir ziemlich uncool.

Sarah hatte vor langer Zeit etwas mit jemandem, der vergeben war. Das ging über mehrere Monate – aber irgendwann beendete sie die Affäre und würde das heute auch nicht wieder tun. Einerseits, weil es Scheiße ist. Andererseits, weil wir beide viel mehr an den Menschen interessiert sind als am reinen Sex. Wenn das Gegenüber etwas geheim halten muss, ist in den Möglichkeiten der Gemeinsamkeit ganz schnell ein Endpunkt erreicht. Vor allem aber leben wir unsere eigenen Leben so voller Freiheit und Ehrlichkeit, dass es sich nicht nur falsch, sondern richtig fremd anfühlt, wenn sich jemand ein Lügengebäude aufbaut. Und wir selbst haben wenig Lust, uns darin mit verstricken zu lassen.

Am Ende werdet ihr selbst die Entscheidung fällen müssen, wie ihr mit dem Thema Aufrichtigkeit und Ehrlichkeit umgehen wollt – sowohl bei euch daheim als auch bei euren anderen Partner:innen oder euren Dates. Euch kann niemand in den Kopf sehen. Ihr könnt niemandem in den Kopf sehen. Für die Entscheidungen anderer seid ihr nicht verantwortlich, nur für eure eigenen.

Am Ende ist es eine Frage der Haltung: Wollt ihr offen und ehrlich durchs Leben gehen und euren Mitmenschen (euren Liebsten, euren Dates und allen anderen, die indirekt mit dranhängen) aufrichtig in die Augen schauen können? Oder wollt ihr das nur selektiv tun? Letzteres kann man schon machen, es ist halt nur Kacke – und kann ganz abgesehen davon auch schnell nach hinten losgehen.

Wir wollen euch deshalb zu größter Klarheit und Transparenz ermutigen. Gegenüber euren festen Beziehungspersonen sowieso. Aber auch gegenüber euren Dates. Das ist fair und ihr habt Spaß mit gutem Gewissen. Schreibt in Apps am besten direkt im Profil, wie es um euch steht. Dann erspart ihr euch eine Menge unnötiger Gesprächsschleifen und damit Zeit. In vielen Apps wie *Bumble, OKCupid* oder *Feeld* könnt ihr sogar direkt im Profil den entsprechenden Beziehungsstatus auswählen. Im Club oder in der Bahn erzählt ihr einfach davon.

Wir haben auch gute Erfahrungen damit gemacht, von Anfang an klarzustellen, dass Sarah beziehungsweise Nick immer alles wissen können – sogar die intimen Details. Denn auch das ist nicht selbstverständlich. Je nachdem, was ihr als Paar vereinbart habt, hilft die Klarheit euch an dieser Stelle, nicht in Gewissensnöte oder komische Situationen zu geraten, wenn ihr eurem Lieblingsmenschen von dem heißen Date erzählen wollt. Andererseits hat natürlich jeder Mensch ein Recht auf Privatsphäre. Wenn ihr etwas Abgefahrenes macht oder euer Gegenüber etwas sehr Persönliches erzählt, dann ist es der Person vielleicht unangenehm zu wissen, dass euer:e Herzensmensch:en das ebenfalls erfahren. Sprecht das vorher ab und bietet auch die Möglichkeiten an, einen sicheren Raum zu haben. Das hat jede:r Mensch verdient.

Wir glauben, dass sich die Entscheidung für eine alternative Beziehungsform auch auf die eigene Haltung zu Wahrheit und Transparenz in anderen Bereichen auswirkt. Ihr werdet so viele gute Erfahrungen mit Ehrlichkeit machen, dass ihr euch wahrscheinlich immer weniger wohl dabei fühlt, in anderen Bereichen zu cheaten, sei es bei Krankmeldungen oder der Notlüge zwischendurch. Am Ende ist jedes Miteinander mit anderen Menschen eine Beziehung, auch das mit eurer Chefin, dem leidigen Onkel oder eurer Bäckereifachverkäuferin. Wenn ihr euch entscheidet, in euren romantischen Beziehungen zur Wahrheit zu stehen, dann wird das auch eure platonischen Beziehungen (und alle dazwischen) nicht unberührt lassen. Oder ihr habt euch entschieden, grundsätzlich in eurem Leben ehrlich sein zu wollen und wollt deshalb nun auch den romantischen und sexuellen Beziehungsbereich miteinschließen. Was auch immer bei euch der Fall ist: Beides steht in einer engen Verbindung. Ihr werdet es merken!

Sei kein Dummie, machs mit Gummi!

Verhütung ist für viele eine der größten Fragen, wenn man mit mehreren Menschen intim wird. Es gilt dabei zweierlei zu verhindern: ungewollt schwanger zu werden und sich Krankheiten einzufangen (oder sie weiterzugeben). Wenn nur zwei Menschen exklusiv Sex miteinander haben, ist beides übersichtlich zu lösen. Wenn mehrere Menschen ins Spiel kommen, kann es schnell kompliziert werden. Viren halten sich nicht an Absprachen.

Das Thema ist für viele gleichzeitig unangenehm, weil es oft noch mit dem Stigma der Unsexyness belegt ist, es anzusprechen. Dabei sollte es das Selbstverständlichste der Welt sein, über Safety und Gesundheit zu reden, oder?

Denn es ist nichts schön, wenn es zwischen den Beinen anfängt zu jucken. Syphilis, Chlamydien, Gonorrhö, Krätze und Filzläuse klingen nicht nur unangenehm, sondern sind es auch. Und richtig doof wird es, wenn man sich am Ende HIV einfängt.

Für ein neues Leben verantwortlich zu sein, das aus einem One-Night-Stand zwischen Heteros entstanden ist, die nicht mitgedacht haben, ist auch nicht für alle erstrebenswert. Beide hatten das Kind – und ihm ein geborgenes Zuhause zu schenken – schließlich nicht in ihre Leben eingeplant.

So offen wir also beim Thema Sex und Liebe sind: Beim Thema Verhütung werden wir sehr exklusiv. Verantwortung für Verhütung zu übernehmen, finden wir ziemlich sexy. Bei uns sieht das so aus: Nur wir beide schlafen ungeschützt miteinander. Punkt. Mit allen anderen tun wir es ausschließlich mit Kondom. »Sei kein Dummie, machs mit Gummi!« Der Spruch ist oll, aber Gold wert. Und er ist unser Mantra, wenn es um Sex mit anderen Menschen als uns beiden geht.

Das gilt selbst für unsere langfristigen Beziehungspartner:innen, unser »Poly-Schiff«. Wir sind darüber immer wieder im Gespräch miteinander und wir wollen nicht ganz ausschließen, dass wir unsere Verhütungs-Exklusivität um einzelne Menschen erweitern. Die aber müssten dann ihrerseits diesbezüglich exklusiv mit uns sein. Denn wenn man den Kreis nicht klar begrenzt, verliert man schnell den Überblick. Und dann ist das ganze Polykül potenziell gefährdet, was STIs (sexuell übertragbare Krankheiten) angeht.

Sex ist mehr als Rein-Raus

Klar, Sex ist mehr als der klassische Geschlechtsverkehr. Aber dabei besteht die größte Gefahr der Übertragung von STIs. Dazu kommt bei unterschiedlichen Geschlechtern die Gefahr einer ungewollten Schwangerschaft.

Auch beim Oralsex und selbst beim Fingern kann man theoretisch Krankheiten übertragen. Für Herpes und Hepatitis A ist das sogar der Hauptübertragungsweg. Auch dafür gibt es Tools wie Lecktücher, die vor einer Infektion schützen können. Aber da Infektionen oral deutlich seltener ist, haben wir uns dafür entschieden, alles jenseits der Penetration ungeschützt zu machen.

Im Gegenzug testen wir uns regelmäßig, genauer gesagt alle sechs Monate, auf die wichtigsten STIs. Das kann man locker und ohne Aufwand online machen, zum Beispiel unter sam-health.de oder exklusiv für Frauen bei thefemalecompany.com. Man bekommt ein Testkit mit Anleitung zugeschickt, macht die Tests selbst und schickt das Testkit zum Labor. Ein paar Tage später kommt das Ergebnis.

Das Testen ist in erster Linie für euch selbst, um im Fall des Falles eine Infektion gezielt behandeln zu können. Denn außer HIV sind alle STIs mit wenig Aufwand heilbar – aber manche nur, wenn man sie (rechtzeitig) entdeckt. Natürlich wollt ihr auch niemanden anstecken, aber aufgrund der Inkubationszeit, und weil ihr nicht jeden Tag einen Test machen könnt, gibt ein Test keinerlei Auskunft darüber, ob ihr ansteckend sein könntet. Ihr selbst könnt aber die entsprechenden Maßnahmen ergreifen – aka zum Arzt gehen –, wenn ihr über den Test eine Infektion feststellt. Nicht alle STIs spürt man nämlich sofort. Bei manchen ist es zu spät, wenn sie sich bemerkbar machen. Die Probleme damit kann man sich ersparen.

Was uns gleichzeitig wichtig ist: Niemand von uns ist unfehlbar. Man kann sich auch mit Kondom oder Oralsex Krankheiten einfangen oder im Eifer des Gefechts vielleicht auch einmal zu spät ans Kondom denken. Genauso wenig, wie ihr euch schämt, wenn ihr euch bei einer Party eine Grippe eingefangen habt und deshalb erst mal zu Hause bleibt, um niemanden anzustecken, genauso wenig braucht ihr euch für eine Geschlechtskrankheit zu schämen. Es kann passieren, wenn man Sex hat. Je selbstverständlicher ihr darüber sprecht, desto eher können andere sich testen lassen und wenn nötig etwas tun. Ganz einfach. Ganz unaufgeregt.

Vielleicht überrascht euch das jetzt, aber: Es wäre sinnvoll, bereits vor dem ersten Mal über Verhütung zu sprechen. Denn schwanger werden oder sich lustige Pilze holen kann man überraschenderweise auch beim ersten Sex. Und auch wenn ihr glaubt, es wäre ein Stimmungskiller: Ist es in der Regel nicht. Im Gegenteil: Seid ihr beide dann nicht viel entspannter? Oft ist das Gegenüber sogar dankbar, wenn man es anspricht, weil es sich selbst nicht getraut hat. Und wenn euer Gegenüber ein Drama daraus macht, ist es ohnehin nicht die beste Idee, mit der Person intim zu werden, oder?

Also traut euch bitte, das Thema anzusprechen, sobald klar ist, dass es auf Sex hinausläuft. Beim Online-Dating am besten noch in der Phase des Schreibens. Dann wisst ihr auch schon, wie die Person tickt, bevor ihr euch das erste Mal auf den Weg macht.

Bei längerfristigen Beziehungen ist es auch sinnvoll, das Thema Selbsttest zu erörtern. Sprecht es einfach an – es ist nichts Schlimmes oder Ehrenrühriges dabei.

Verhütung ist (auch) Männer*sache: Schnippschnapp – Samenleiter ab

Obwohl wir ohne Kondom miteinander schlafen: Schwanger wird Sarah trotzdem nicht. Denn für die Verhütung ist in unserer Beziehung der Mann zuständig. Nick ist sterilisiert, hat also eine Vasektomie machen lassen. Das ist die beste Entscheidung, wenn ihr keine (weiteren) Kinder haben wollt! Wirklich mega!

Bei der Vasektomie werden in einer kleinen ambulanten Operation die Samenleiter auf beiden Seiten durchtrennt, die Enden in sich verknotet, verödet und in unterschiedliche Hautschichten verlegt. Die Samen können dadurch bei der Ejakulation nicht mehr in das Ejakulat gelangen und werden einfach vom Körper abgebaut und recycelt – wie er es auch sonst ständig tut, wenn zu viel produziert wurde. Außer der Fruchtbarkeit bleibt die sonstige Funktion beim Sex vollständig erhalten. Es gibt keine Veränderung bei der Errektionsfähigkeit, es spritzt weiterhin Ejakulat beim Orgasmus und es sieht auch genauso aus. Selbst Geruch und Geschmack sind gleich, falls ihr das wissen wolltet.

Im Gegenzug erhaltet ihr Jungs die Freiheit, euch keine Gedanken mehr machen zu müssen, ob eure Sexpartnerin schwanger werden könnte – egal, ob das Kondom platzt oder die Spirale verrutscht oder ihr sowieso nicht anders verhütet.

Nick kann auch von keinerlei Nebenwirkungen berichten außer der, dass Sex, egal mit wem, viel entspannter vonstattengeht. Was Dr. Google so an Horrorgeschichten ausspuckt, ist echter Quatsch. Weder bekommt man Errektionsstörungen noch lassen Lust oder Gefühl nach. Und die

Gefahr eines Kunstfehlers ist sehr gering. Wenn ihr euch dafür interessiert, lasst euch von einem guten Urologen beraten. Die Kosten für die Beratung übernimmt die Krankenkasse. Der Eingriff selbst liegt bei ungefähr 500 – für uns war es gut investiertes Geld.

Ihr müsst nur wissen: Im Grunde ist die Entscheidung endgültig. Mit viel Zauberei können Spezialisten die Verbindung wieder herstellen. Aber die Chance ist gering. Also vielleicht ist die Vasektomie nicht die perfekte Verhütungsmethode mit zweiundzwanzig.

Heiraten oder nicht?

Ach ja, noch etwas: Wir werden immer wieder überrascht angesehen, warum wir denn geheiratet haben – und das auch noch lange, nachdem wir unsere Beziehung geöffnet haben. Das passt für viele Menschen nicht zusammen.

Tatsächlich steht uns unser Status als Verheiratete manchmal im Weg. Nicht nur, dass uns interessante Menschen sofort in die Schublade »Für eine Beziehung nicht verfügbar« stecken (was sich noch recht leicht aufklären lässt). Die viel größere Herausforderung ist, dass unsere Ehe in den Augen anderer Beziehungspartner:innen die Chance auf Augenhöhe kaputtmacht. »Da, wo ihr seid, komme ich mit dir ja nie hin!«, hören wir öfter.

Und ja, da stimmt! Wo wir sind, kommt niemand hin. Aber das ist doch auch gar nicht der Punkt. Selbst wenn wir nicht verheiratet wären, würden wir uns nicht dafür entschuldigen, dass wir schon 14 Jahre unsere Leben gemeinsam verbringen und viel miteinander erlebt haben. Unsere Beziehung ist, wie sie ist. Wie auch jede andere Beziehung ist, was sie ist. Der Zauber von Polyamorie ist, dass jede Beziehung zu einem Menschen für sich stehen darf – einzigartig und wertvoll.

Wenn wir in Beziehung mit anderen sind, geht es nie um einen Sarah-und-Nick-Lovealike-Wettbewerb. Jede Beziehung besteht aus zwei individuellen Menschen, die zusammen eine eigene, unverwechselbare und unkopierbare Dynamik haben und deshalb auch keine Konkurrenz sind. Sie bilden ein ganz eigenes Wir. Dieses Wir ist nicht weniger wert, wenn es sich in Zeit, Art oder Intensität von anderen Beziehungen der beteiligten Personen unterscheidet. Im Gegenteil: Es gibt dem Miteinander seine persönliche Charakteristik.

Der Zauber von Polyamorie ist, dass jede Beziehung zu einem Menschen für sich stehen darf – einzigartig und wertvoll.

Wir würden jederzeit wieder heiraten. Wir fanden unsere Hochzeit mega, denn sie bedeutete ein klares und vollständiges Ja zum Miteinander – in allen Aspekten unseres Lebens. Zusammenwohnen und gemeinsam wirtschaften kann man natürlich auch ohne Ehevertrag. Aber es ist ein Unterschied, ob wir uns gegenseitig gegenüber Ämtern und Behörden und im schlimmsten Fall auch bei schwerer Krankheit vertreten können. Als Sarah im Sommer 2022 einen krassen Fahrradunfall hatte, waren wir sehr froh, dass Nick alles mit dem Krankenhaus und den Ärztinnen regeln konnte, Besuchsrecht hatte und auch medizinische Entscheidungen hätte fällen können. Wir vertrauen einander mit der Ehe im wahrsten Sinn des Wortes unsere Leben an. Das fühlt sich für uns stimmig an. Dieses vollständige Ja zueinander finden wir auch romantisch, das müssen wir zugeben. Und wenn es rechtlich ginge, würden wir auch noch andere Menschen in dieses Ja miteinschließen.

In Deutschland hatte die Regierung im Koalitionsvertrag 2021 die Verantwortungsgemeinschaft in Aussicht gestellt. Diese würde es zwei oder mehreren Menschen, unabhängig vom Status der Ehe, genau das ermöglichen: Verantwortung füreinander zu übernehmen. Rechtlich, finanziell, pflegerisch. Typische Szenarien wären enge Freund:innen, Senioren-WGs oder erwachsene Stiefkinder zu ihren Eltern. Polyküle wären zumindest anfangs nur eine Randanwendung der Verantwortungsgemeinschaft. Aber wer weiß, was die Zeit bringt.

Wenn die Verantwortungsgemeinschaft eingeführt wird, würden wir nicht ausschließen, dass wir davon auch Gebrauch machen – aber natürlich nur mit Menschen, die lange in unserem Leben sind, mit denen wir viel erlebt und viel Alltag geteilt haben; vor allem aber auch, mit denen wir schon Krisen bewältigt haben. So können wir wissen, dass wir einander wirklich vertrauen können und Verantwortung übernehmen wollen.

Einer der Aspekte, die wir im Lauf unseres Polylebens gelernt haben, ist: Das Leben ist fluide. Veränderung ist in Ordnung, ja sie ist sogar ein Merkmal von Lebendigkeit. Wir lassen Menschen in unser Leben und müssen uns auch wieder von Menschen verabschieden. Beziehungen transformieren sich. Sie werden näher oder entfernter. Aber seit wir nicht mehr in der monogamen Dialektik von »in Beziehung« oder »nicht in Beziehung« bleiben, brechen sie selten. Und die Menschen tun einander weniger weh. Mit der Zeit kristallisieren sich diejenigen Beziehungen heraus, die Felsen im Strom der Fluidität sind, auf die wir uns wirklich verlassen können und auf die wir unser Leben bauen. Es sind diese Menschen, die bleiben.

Wir beide sind solche Felsen füreinander, und daran soll sich auch nichts ändern. Gleichzeitig wollen wir für die Wendungen des Lebens offenbleiben und nichts ausschließen, was uns guttut – gerade, wenn sich die Zeiten oder wir selbst uns verändern. Vielleicht werden wir eines Tages in unterschiedlichen Wohnungen mit anderen Partner:innen zusammenwohnen und Ehe-Dates miteinander vereinbaren. Oder wir wohnen mit mehreren Menschen in einem Haus. Oder, oder, oder, … Für uns ist es wichtig, dass wir uns immer lieben wollen und alles dafür tun, dass das so bleibt. Die Flexibilität in unserem Beziehungsmodell hilft uns dabei.

VII GÄNSEBLÜMCHEN IM SONNENSCHEIN

—

ALTERNATIV ZU LIEBEN IST NICHT NUR ZUCKERSCHLECKEN

Macht man ihr es euch nicht ein bisschen einfach?

☐ ja ☐ nein ☐ weiß nicht

Und niemand ist dabei eifersüchtig? Menschen, die in offenen oder polyamoren Beziehungen leben, hören diese Frage in der Regel als Erstes, wenn sie monogamen Menschen von ihrem Beziehungsmodell berichten. Und auch sonst gibt es zig Aspekte, die alternative Beziehungsformen herausfordernder als die klassische Monogamie machen. Mit den wichtigsten wollen wir uns in diesem Kapitel beschäftigen. Seid gespannt! Am Ende versteht ihr wahrscheinlich, warum gerade in diesen Herausforderungen unglaubliches Potenzial für unsere eigene Persönlichkeitsentwicklung steckt.

Eifersucht: Das Kribbeln, das zum Schmerz wird

Jede:r hat es schon einmal gefühlt: Dieses unangenehme Kribbeln, das uns in den Nacken kriecht, wenn wir uns vor etwas fürchten. Vor dem Unbekannten, das um die nächste Ecke lauern könnte. Oder vielleicht ist es bereits ganz dicht hinter uns? Wir spüren schon seinen kalten Atem im Nacken. Wir rechnen jeden Augenblick mit einem Schlag. Wir malen uns aus, was noch alles passieren könnte. Vor Angst sind wir wie gelähmt, während sich das Schaudern im Kopf und im ganzen Körper breitmacht. Wer hat das noch nicht gefühlt? Angst ist ein Alarmsignal des Körpers, manchmal durchaus nützlich, um uns vor Dummheiten zu warnen, aber meistens einfach nur fies.

Eifersucht fühlt sich ähnlich an. Kein Wunder, denn Eifersucht ist schließlich auch eine Angst, nämlich die, jemanden zu verlieren, der uns wichtig ist. Wie die Angst vor dem Unbekannten, das hinter der Ecke lauert, ist Eifersucht für uns selten richtig greifbar. Gerade das macht sie so schmerzhaft und mächtig. Unser Kopfkino springt an, wir stellen uns alles Mögliche vor – und meistens gleich das Schlimmste. Das bewirkt, dass unsere Angst noch stärker wird. Die Eifersucht lähmt unseren Verstand und lässt uns Dinge tun, die wir sonst nie tun würden. Oder sie lässt uns in der Ecke liegen, mit drehendem Gedankenkarussell, unfähig, irgendetwas Sinnvolles oder gar Schönes zu tun.

Miguel de Cervantes Saavedra, der Autor von *Don Quijote*, soll gesagt haben: »Die Eifersucht lässt dem Verstand niemals genügend Freiheit, um die Dinge zu sehen, wie sie sind!« Das trifft es perfekt. Unsere Sinne sind vernebelt und unsere Fantasie übernimmt das Kommando. Und schon befinden wir uns im Abwehrkampf gegen eine vermeintliche Gefahr, wo wahrscheinlich gar keine ist.

Sarah war lange gar nicht eifersüchtig. Das war nicht ihr Ding. Sie war es ja, die Nick anfangs betrog. Und als Nick das erste Mal selbst mit anderen Frauen etwas anfing, war die Gesprächsbasis zwischen uns beiden schon so deep, dass für Sarah Eifersucht kein Thema war. Sie hatte zwar lange Zeit Angst, dass Nick die Beziehung doch hinschmeißt und sie verlässt. Aber das wäre wegen ihr selbst und ihrem scheiß Verhalten gewesen. Die Sorge, dass er sie wegen einer anderen verlassen würde, hatte sie nicht.

Bis Leemchen in Nicks Leben kam. Leemchen war (und ist) für Nick etwas sehr Besonderes. Sie hatten schnell eine enge Beziehung, die weit mehr als nur sexueller Natur war. Es war nicht Eifersucht, was Sarah spürte. Sie freute sich über die Beziehung und unternahm gern etwas mit den beiden. Aber mit der Zeit spürte sie ein Grummeln in der Magengegend. Leemchen hatte keine Polyerfahrung und tat sich am Anfang nicht leicht damit, Nick zu teilen. Sarah hatte zwar keine Sorge, dass Nick sie verlassen könnte. Aber so ganz schmeckte ihr die Situation nicht. Auf der einen Seite gönnte sie Nick die Beziehung und tat alles dafür, damit es den beiden gut miteinander ging. Sie ermutigte sie, viel zusammen zu machen und ihre Beziehung zu vertiefen. Und trotzdem: Sie fühlte sich immer wieder ausgeschlossen.

Nick war mit Leemchen eineinhalb Jahre zusammen, bevor sie ihre romantische Beziehung zunächst auf Eis legten. Während dieser ersten Phase hielt sich Sarah mit der Kommunikation ihrer Gefühle sehr zurück. Ein bisschen zu sehr. Denn sie merkte immer mehr, wie es an ihr nagte und sie Angst um Nick bekam. Sie wollte die junge Liebe auf keinen Fall zerstören – aber der Preis war, dass sie ihre eigenen Bedürfnisse so zurücksteckte, dass sie darunter litt.

Während Nicks romantische Beziehung mit Leemchen pausierte, sprach Sarah mit Nick über ihre Zurückhaltung. Wir stellten fest, wie ungut es war, dass Sarah ihre Gefühle aus Rücksicht nicht artikulierte und stattdessen ihre Grenzen ignorierte. Wir versprachen uns, so etwas nicht mehr zuzulassen.

Sich miteinander zu freuen, ist essenziell in alternativen Beziehungsformen. Gleichzeitig ist es aber keine Selbstverständlichkeit – und darf zu keiner werden. Jede:r von uns hat unterschiedliche Erfahrungen mit Verlust im Leben gemacht und jede:r von uns hat eine individuelle Neigung dazu, Eifersucht zu spüren. Gefühle wie Eifersucht nicht zu verdrängen, sondern sie ernst zu nehmen und miteinander darüber im Gespräch zu bleiben, ist die wichtigste Voraussetzung, damit irgendwann echte Mitfreude entstehen kann. Denn jede:r von uns hat das Recht auf die eigenen Gefühle. Jedes Gefühl ist in Ordnung – immer! Für Gefühle können wir nichts und wir können sie nur schwer beeinflussen. Verantwortlich sind wir nur für die Handlungen, die wir daraus folgen lassen.

Gefühle wie Eifersucht nicht zu verdrängen, sondern sie ernst zu nehmen und miteinander darüber im Gespräch zu bleiben, ist die wichtigste Voraussetzung, damit irgendwann echte Mitfreude entstehen kann.

Wenn ihr also Eifersucht verspürt, ist das weder böse noch schwach noch euer Versagen. Euer Körper will euch etwas sagen, nämlich, dass ihr mehr Sicherheit von eurem Gegenüber braucht, mehr Transparenz oder einfach ein bisschen Aufmerksamkeit und Nähe. Euer Nervensystem wird sich dann wieder beruhigen, wenn es merkt, dass alles gut ist. Dass für euch keine Gefahr von der neuen Person im Leben eures Herzensmenschen ausgeht. Dass diese:r euch immer noch genauso liebt – vielleicht sogar noch viel mehr und intensiver und bewusster.

Nick und Leemchen fanden nach einiger Zeit wieder zueinander. Zunächst hatte Sarah in dieser zweiten Phase wie abgesprochen sehr schnell ihre Gefühle und Gedanken signalisiert. Das war anfangs ein bisschen schwierig, aber so war es vereinbart und wir drei blieben gut im Gespräch darüber. Das half Sarah ungemein. Mit der Zeit merkte sie, dass ihre eigenen Grenzen fluide waren und sich verändern konnten. Irgendwann machte ihr gar nichts mehr aus, was ein paar Wochen zuvor noch heftig an ihr genagt hatte. Unser Körper und auch unser Herz haben die fantastische Fähigkeit, sich auf Situationen einzustellen, sie zu erspüren und die Reaktion darauf zu korrigieren, etwa wenn sie merken, dass keine Gefahr droht.

Heute hat Sarah kein Bauchgrummeln mehr. Wir drei haben einen guten Umgang miteinander erarbeitet. Unsere Beziehung ist inzwischen so tief und vertrauensvoll, dass dieses Gefühl keine Grundlage mehr hat.

Mit neuen Menschen in unserem Leben schleichen sich Gefühle wie Eifersucht allerdings doch ein. Wir kennen diese Menschen noch zu wenig, um zu wissen, wie verlässlich sie sind, wie ehrlich sie sind, wie sie worauf reagieren. Wenn wir wissen, dass sie sich noch mit anderen treffen, kann schon einmal das Kopfkino angehen. Nur weil man einen Podcast über alternative Beziehungsformen macht, ist man nicht frei davon. Gerade, wenn wir Singles daten, die vielleicht noch keine Erfahrung mit alternativen Beziehungsformen haben, schwirrt schon einmal die Sorge durch den Kopf, ganz schnell durch eine andere, monogame Person ersetzt werden zu können. Wenn wir mit der Zeit eine Basis mit dieser neuen Person aufgebaut haben und alles ein bisschen gewachsen ist, verändert sich das. Je mehr wir merken, dass offen kommuniziert wird, desto mehr verschwindet die Unsicherheit bei uns beiden.

Für uns gilt generell: Je weniger offen kommuniziert wird, desto höher ist die Gefahr, dass Eifersucht aufkommt. Wenn wir über alles sprechen und wir wissen, welchen Stellenwert wir bei der Person haben, dann kommen wir gut mit allem klar.

Es gibt tatsächlich eine Menge Paare, vor allem mit offenen Beziehungen, die mit ihren Partner:innen vereinbaren, nichts Genaues wissen zu wollen. Die Extremform davon ist »Don't ask, don't tell« (»Nicht fragen, nichts erzählen«), bei der beide Partner:innen sich zwar gegenseitig erlauben, etwas mit anderen zu haben, aber darüber Stillschweigen vereinbaren. Sie erzählen sich also nicht einmal, dass etwas mit anderen Personen gelaufen ist, geschweige denn, was und wer das genau ist. Man kann das sicher so machen. Doch wie sehr ist das nur eine Flucht vor der eigenen Eifersucht, frei nach der Selbstlüge »Was ich nicht weiß, macht mich nicht heiß«? In Wirklichkeit machen wir uns doch trotzdem unsere Gedanken. Und wenn wir ein Indiz entdecken, dass unser:e Partner:in mit jemandem intim war, geht doch bei den meisten die Gedankenspirale los.

Wir haben die Erfahrung gemacht: Nicht weniger Wissen, sondern mehr Wissen senkt die Eifersucht.

Für uns dreht sich in Beziehungen alles um Vertrauen und Offenheit. Wir haben die Erfahrung gemacht: Nicht weniger Wissen, sondern mehr Wissen senkt die Eifersucht. Nicht nur bei uns. Auch in ihrer Beratung hakt Sarah gern genau an diesem Punkt nach: Wenn du nicht wissen willst, was dein Gegenüber so treibt – welchem Thema weichst du dann in Wirklichkeit aus? Welches Gespräch vermeidest du? Worum geht es wirklich? Und wie könnte dem begegnet werden? Heilung ist nachhaltiger als Verdrängung. Wir kennen kein Paar, bei dem das über längere Zeit gut gegangen ist. Unserer Erfahrung nach ist das oft ein Indikator dafür, dass das Paar eigentlich nicht bereit ist, die Monogamie zu verlassen.

Deshalb ermutigen wir euch: Geht aufs Ganze und zieht euch voreinander aus. Vollständig. Nicht nur die Klamotten. Dann habt ihr die Chance, dass die Bearbeitung der Eifersucht euch in viel tiefere Ebenen eurer Beziehung vordringen lässt. Und herauszufinden, was ihr wirklich wollt.

Eifersucht ist kein Liebesbeweis

Zum Thema Eifersucht gäbe es noch viel zu sagen, aber eine Frage kommt immer wieder, und deshalb wollen wir sie noch besprechen: Wenn ich mit Verlustängsten zu kämpfen habe – zum Beispiel aufgrund von früheren Verlusterfahrungen oder aufgrund eines geringen Selbstwertgefühls –, wäre es dann nicht schlauer, einfach eine strikt monogame Beziehung mit einem vertrauensvollen, exklusiv liebenden Menschen zu führen, auf dessen Loyalität zu mir und zu unseren Vereinbarungen ich mich verlassen kann?

Die Antwort ist: Ja, das könnt ihr. Und das täte euch bestimmt auch gut. Ihr müsst euch nur im Klaren sein, dass die darunterliegenden Gründe für die Verlustangst dann nur kein Futter bekommen. Aushungern kann man solche Gefühle allerdings nicht. Und das heißt, sie werden euch weiterhin begleiten, wenn auch friedlich in euch schlummernd. Dass kann in Ordnung sein, aber diese Gefühle sind zähe Burschen und haben einen leichten Schlaf. Die Wahrscheinlichkeit, dass eine Situation kommt, durch die diese Ängste plötzlich wieder hellwach sind, ist nicht klein.

Eine Bekannte von uns hat auf die Frage, warum sie nicht monogam lebt, trocken geantwortet: Weil ich Sicherheit brauche. Auf die verdutzte Nachfrage, wie das denn zusammenpassen würde, antwortete sie: Ganz einfach, sie braucht sich keine Gedanken zu machen, ob ihr Freund sie wegen einer anderen verlässt. Denn er darf ihr nahekommen und sie sogar lieben. Es gibt daher keinen Grund, warum er sie wegen einer anderen verlassen sollte.

Ist das nicht eine sehr geile, sehr tiefe Wahrheit? Kette dein Gegenüber an dich, und es wird irgendwann ausbrechen wollen. Gib deinem Gegenüber Freiheit, und es wird freiwillig bei dir bleiben. Denkt nach, bevor ihr ein Liebesschloss an irgendeine Brücke hängt.

Das ist der Grund, warum Eifersucht kein Liebesbeweis ist. Dass sie es wäre, ist ein gern genutztes Narrativ in Filmen und Serien. Aber nein: Eifersucht will der Person die Freiheit verwehren, denn sie fürchtet, die Freiheit des Gegenübers würde uns zum Nachteil gereichen. Damit ist Eifersucht höchst selbstsüchtig. Eifersucht dreht sich immer nur um unsere eigenen Bedürfnisse. Liebe hingegen dreht sich um die Bedürfnisse des Gegenübers und des Wir.

Kann man sich in offenen Beziehungen überhaupt betrügen?

Auf den ersten Blick liegt es nahe: Wenn man Sex mit anderen haben darf, dann kann man das Gegenüber gar nicht mehr betrügen, oder? Das ist leider etwas kurz gedacht, denn natürlich kann das trotzdem passieren. Beim Betrug in einer monogamen Beziehung ist nicht der Sex das eigentliche Problem. Sondern der Vertrauensbruch. Die Missachtung der (vielleicht unausgesprochenen) Regel, nicht mit anderen intim zu werden.

Wenn ihr für euch diese eine (große) Regel aufhebt, ändert sich nichts daran, dass ihr euch gegenseitig vertraut. Im Gegenteil: Euer Vertrauen ineinander wird größer. Vielleicht habt ihr bestimmte neue Regeln eingeführt, um eure Abenteuer kontrollierbar erscheinen zu lassen (dazu mehr im letzten Kapitel). Vielleicht seid ihr eng im Gespräch. In jedem Fall setzt ihr großes Vertrauen ineinander und erwartet voneinander, dass dieses Vertrauen nicht enttäuscht wird.

Ihr setzt dabei vor allem darauf, dass ihr ehrlich zueinander seid und euren Vereinbarungen entsprechend handelt. Wenn ihr dieses Vertrauen nun wissentlich enttäuscht, dann begeht ihr trotz aller Offenheit einen Betrug aneinander.

Zum Bespiel schlaft ihr mit einer Affäre trotz gegenteiliger Vereinbarung ohne Kondom und verheimlicht es eurem Herzensmenschen bewusst. Die Enttäuschung und der Schmerz, wenn das zufällig herauskommt, kann genauso groß sein, wie wenn ihr in einer monogamen Beziehung Fremdsex habt.

Im Gegensatz zum Fremdgehen in einer monogamen Beziehung habt ihr immer einen wichtigen Schlüssel in der Hand: Ehrlichkeit. Während beim klassischen Fremdgehen Ehrlichkeit in den meisten Fällen erst zum großen Knall führen würde, habt ihr euch beim Öffnen eurer Beziehung versprochen, ehrlich sein zu dürfen und immer »reinen Tisches« machen zu dürfen – ihr erinnert euch? Genau wegen solcher Situationen ist das Versprechen des »reinen Tischs« so wichtig. Denn es bedeutet: Ihr dürft Fehler zugeben. Ihr müsst sie nicht verheimlichen. Ihr habt das Vertrauen eures Gegenübers vielleicht enttäuscht – aber ihr brecht es erst, wenn ihr eure Fehler verheimlicht.

Habt also den Mut, einander euer Scheitern an den gemeinsamen Vereinbarungen oder am in das euch gesetzte Vertrauen zu gestehen. Ihr seid Menschen. Ihr müsst nicht perfekt sein. Aber ihr solltet damit ehrlich umgehen.

Wenn die Liebe vorbei ist: Out-of-the-box lieben heißt auch out-of-the-box denken

Gibt es im Polykontext Trennungen? Natürlich, auch alternative Beziehungen können enden. Zum Beispiel, weil man nach einiger Zeit feststellt, dass man emotional oder sexuell doch nicht zusammenpasst. Oder weil es von Anfang an nur eine temporäre Weggemeinschaft war. Oder weil die Person einen Herzensmenschen findet, der (vielleicht nur anfangs) monogam leben will.

Drei Fakten dabei sind allerdings grundsätzlich anders als bei monogamen Beziehungen:

Fakt 1: Der wichtigste Trennungsgrund fällt weg

Beziehungen enden nie nur deshalb, weil ein:e Partner:in mit jemand anderem Sex hat oder sich gar in jemand anderen verliebt. Einer der Hauptgründe für Trennungen exklusiver Beziehungen fällt somit bei alternativen Beziehungsformen weg. Wie unsere Bekannte es ausdrückte: Sie geben Sicherheit.

Fakt 2: Alternative Beziehungen sind fluide

Alternative Beziehungen gehen selten komplett auseinander. Sie verändern stattdessen ihren Charakter, wenn sich etwas zwischen den Personen verändert. Wo es bei monogamen Beziehungen nur schwarz-weiß gibt, schillern alternative Beziehungen in alle Schattierungen: Aus Freund:innen werden Liebespartner:innen werden Freund:innen. Aus Sex-Dates werden Nestpartner:innen werden Fernbeziehungen, weil eine Person beruflich wegzieht. Aus Mitbewohner:innen werden beste Freund:innen werden kuschelnde Urlaubsbuddies, weil sie sich super verstehen, aber weder romantisch noch sexuell etwas voneinander wollen. Aus Ehepaaren werden Ankerbeziehungen, die mit jeweils anderen Partner:innen zusammenwohnen, sich gemeinsam um die Kinder kümmern, sich zu Sex verabreden, aber den Alltag nicht mehr teilen. Aus drei Freund:innen wird eine Liebes-Triade. Aus Arbeitskolleg:innen werden Freund:innen, die ab und zu Sex auf dem Schreibtisch des Chefs haben, wenn der nicht da ist. Aus zwei Ehepaaren wird eine Senioren-WG und die Paar-Grenzen verschwinden mit der Zeit.

Alternative Beziehungen sind immer wieder im Fluss – und dadurch verliert man auch selten einen Menschen ganz aus dem eigenen Leben. Derartige Veränderungen merken meist alle Beteiligten und können entweder gegensteuern oder einvernehmlich Veränderungen vornehmen, mit denen alle glücklich sind.

Natürlich klappt das nicht immer. Manche Menschen wollen keinen Kontakt mehr, und das gilt es zu respektieren. Aber wenn alle die entsprechende Flexibilität und den Willen zur Gemeinsamkeit mitbringen, dann kann aus einer beendeten romantischen Beziehung eine andere Beziehung werden.

Ein Pärchen aus unserem Bekanntenkreis war 15 Jahre lang verheiratet, aber sexuell und in manchen anderen Themen waren die beiden sehr unterschiedlich. Das war eine große Belastung für die Beziehung. Sie öffneten irgendwann die Ehe, und das war auch gut so. Es nahm ein wenig den Druck, aber half nichts gegen die zugrundeliegenden Probleme zwischen ihnen. Irgendwann entschieden sie sich, sich zu trennen, was zunächst sehr hart war. Trotzdem leben sie heute mit ihren jeweils neuen Partner:innen in einem Haus zusammen, sind alle gute Freund:innen geworden und kümmern sich gemeinsam um mehrere Kinder aus mehreren Beziehungen. Alle sind glücklich: er, sie, die Kinder und die jeweils neuen Partner:innen mit ihren Kindern. Es gab keinen Rosenkrieg, keinen Hass und keine Trennungskinder. Das ist der Zauber alternativer Beziehungsformen.

Fakt 3: Alternative Beziehungen werden bewusster gelebt

Alternative Beziehungen hinterfragen Selbstverständlichkeiten, was sie auch alternativ macht. Dadurch bleibt euch gar nichts anderes übrig, als euch sehr bewusst mit euren Beziehungen und euren eigenen Beziehungsmustern zu beschäftigen – darauf kommen wir noch im letzten Kapitel zu sprechen.

Natürlich können auch monogame Paare ihr Miteinander bewusst leben und gestalten. Eigentlich sollten das alle tun, denn es ist eine Grundvoraussetzung für das Gelingen einer Partnerschaft. Aber leider tun das die wenigsten. Mit der Hochzeit oder dem Zusammenziehen scheint für viele Paare die Arbeit an der Beziehung abgeschlossen. Dass dann irgendwann Probleme entstehen, ist fast vorprogrammiert, weil der Sand nie aus dem Getriebe gefegt wird und sich festsetzt. Irgendwann knallt es dann.

Gerade weil ihr euch in alternativen Beziehungsgeflechten automatisch mit euch und eurem Miteinander beschäftigt und immer wieder kleine Anpassungen vornehmt, Probleme löst und Meinungsverschiedenheiten klärt, kann sich Sand im Getriebe nicht so einfach festsetzen. Dadurch sind alternative Beziehungen häufig widerstandsfähiger, und die Wahrscheinlichkeit für eine Trennung aufgrund von Problemen innerhalb der Beziehung ist geringer.

Outing: Wie sag ichs?

Neulich wurden wir gefragt, wie unser Outing war und ob wir es heute anders machen würden. Die Frage geht allerdings an der Wirklichkeit vorbei. Denn wir outen uns ständig. Bei allen Begegnungen kommt früher oder später das Thema »Beziehung und Familienstand« auf den Tisch. Egal, ob bei Arbeitskolleg:innen oder neuen Bekanntschaften auf einer Party: Beziehungen sind immer ein Topgesprächsthema und für viele auch ein Identitätsmarker. Selbst die Steuerbehörden interessieren sich dafür, mit wem du wie liiert bist.

Von Outing sprechen wir interessanterweise nur, wenn

wir uns als Menschen zu erkennen geben, deren Identität oder Handeln von den Erwartungen der Menschen in der aktuellen Situation abweicht oder ihnen zuwiderläuft. Die Information oder Handlung, die in einem Kontext ein Outing wäre, kann in einem anderen Kontext eine völlige Selbstverständlichkeit sein. Niemand würde es in einer Borussia-Fankneipe als Outing bezeichnen, einen gelb-schwarzen Schal herauszuholen. In einem mit grölenden Bayern-Fans vollbesetzten Bahnwaggon wäre das anders.

Genauso ist es in einer heteronormativ geprägten Gesellschaft kein Outing, wenn man sich als heterosexuell verliebt, verlobt oder verheiratet zu erkennen gibt. Wenn dagegen zwei Männer bei ihrem Stadtspaziergang einen Ring tragen und sich küssen, dann dürfte sich das für die meisten Menschen (außer in Köln) auch heute noch wie ein Outing anfühlen. Und in einer Schwulensauna kann es für den einen oder anderen ein Outing darstellen, wenn er erzählt, dass er »bi« ist, also auch mit Frauen schläft.

Ob ihr euch gerade outet, ist recht leicht zu erkennen: Ein Outing geht immer mit Herzklopfen einher. Ihr seid unsicher, wie das Gegenüber reagiert, ob euch Skepsis entgegenschlägt, Ablehnung oder sogar blanker Hass. Euer Herzklopfen dürfte in vielen Kontexten stärker werden, wenn ihr über eure sexuelle Identität, Orientierung oder Beziehungsform redet. Ob ihr dagegen bei EDEKA oder bei ALDI einkauft, ist vermutlich in 100 Prozent eurer Gespräche eine reine Information ohne Aufregerpotenzial.

Stellt euch vor, ihr trefft euch mit Menschen, die ihr erst kurz kennt, zum Grillen und sagt vorher: Ich bin Vegetarier. Das kann sich – je nachdem, ob ihr damit relaxt umgeht oder Angst habt, ausgelacht zu werden – nach einem Outing anfühlen oder nur nach einer Info wie »Ich nehme lieber Senf statt Ketchup«.

Ob ihr euch also gerade outet oder einfach eine Selbstverständlichkeit erzählt, ist subjektiv. Es hängt vom Kontext und euren Erfahrungen ab, aber auch von eurem eigenen Gefühl und Willen, ob das nun etwas Besonderes ist oder nicht.

Das ist für uns das Geheimnis des Outings und ein Schlüssel dazu, wie wir heute Menschen sagen, dass wir anders lieben als die Mehrheitsgesellschaft. Natürlich war es aufregend, als wir unseren Familien das erste Mal gesagt haben, dass wir auch mit anderen Menschen Sex haben. Und Sarah musste sich schließlich gleichzeitig als Fremdgängerin outen – da war das Polythema fast eine Nebensächlichkeit.

Heute reden wir selbstverständlich darüber, wie wenn wir über das Auto reden, das wir fahren. Natürlich haben wir es als Podcaster:innen, Coaches und Buchautor:innen besonders leicht. Auf die Frage, was sie denn so macht, antwortet Sarah ganz offen, dass sie in einer Klinik arbeitet und nebenher Beratung und einen Podcast für alternative Beziehungsformen und sexuelle Identität macht. Bähm! Das Thema ist gesetzt.

Aber auch auf anderen Wegen lässt sich das Thema selbstverständlich kommunizieren: Indem ihr euch zum Beispiel in euren Insta-Storys mit euren unterschiedlichen Herzensmenschen zeigt. Oder indem ihr auf dem WhatsApp-Profilbild zu dritt erscheint.

In Gesprächen könnt ihr erzählen, dass ihr nächste Woche mit Peter in Urlaub fahrt und Paul leider nicht mit kann, weil er arbeiten muss. Je selbstverständlicher ihr davon erzählt, desto weniger aufregend dürfte das auch für euer Gegenüber sein. Denn eure Sicherheit hilft einer Person, die unsicher in ihrer Meinung ist, zu akzeptieren, wie ihr lebt. Am Ende können wir dankbar sein, dass wir in einer Gesellschaft leben, in der Vielfalt inzwischen von den meisten Menschen akzeptiert wird und Toleranz en vogue ist. Zahlreiche Gesetze schützen euch vor Diskriminierung. Die meisten Menschen setzen sich dafür ein, auch wenn wir gleichzeitig bei vielen Themen noch einen langen Weg vor uns haben. Es gibt immer noch viel zu viele Menschen, die anderen verbieten wollen, so zu lieben, wie sie lieben. Wenn ihr euch also zeigt, macht ihr das nicht nur für euch selbst, sondern tut auch ganz allgemein etwas für Freiheit und gegen Diskriminierung.

Wenn ihr eure Souveränität vielleicht am Anfang noch ein bisschen spielen müsst – vielleicht gilt auch hier: Fake it till you make it.

Während Sarah in einem Krankenhaus arbeitet, das sich Diversität auf die Fahnen schreibt, ist es bei Nick etwas anders. Als Bauleiter im Hafen findet er ein anderes Klima vor. Der Ton ist rauer, Sexismus und Homophobie sind dort für viele grundlegende Werte, was auch immer wieder zur Schau gestellt wird. Mit den Jahren hat sich allerdings auch in Nicks Arbeitsumfeld viel getan und alle sind etwas sensibler geworden. In einer Umgebung, wo es selbst Frauen an der Drehbank schwer haben, akzeptiert zu werden, kann man allerdings schon eher von Outing sprechen, wenn man sich zu alternativen Beziehungen oder einer differenzierteren sexuellen Identität bekennt.

Eine von Nicks Kolleg:innen ist zum Beispiel Schweißfachingenieurin und trans. Sie muss in verschiedenen Werkstätten arbeiten, wo neben vielen toleranten Menschen auch eine ganze Reihe homophober Menschen ihre dummen Sprüche klopfen. Um dem ein Ende zu setzen, gab es eines Tages ein echtes Outing in Form eines Termins vor versammelter Mannschaft: Angerückt mit Unterstützung des obersten Personaldirektors, des Betriebsarztes und des Abteilungsleiters, hielt die Transfrau einen umfangreichen PowerPoint-Vortrag darüber, wer sie vorher war und wer sie jetzt ist, was Transition bedeutet und welche Auswirkungen dies auf die Familie hatte. Diese völlige Offenheit war entwaffnend und es gab gute Reaktionen. Wir glauben, dass Diskriminierung vor allem auf Unkenntnis der Tatsachen und Umstände basiert. Menschen haben Angst vor dem Unbekannten. Je mehr wir also erzählen und je mehr sie ergo wissen, desto weniger können sie labern.

Mit unserer Beziehungsform haben wir bisher kaum schlechte Erfahrungen gemacht, wenn wir uns geoutet haben. Im Gegenteil: Viele sind neugierig und wissbegierig und outen sich uns gegenüber selbst mit ihren Geheimnissen. Oft strahlt den Leuten sogar versteckter Neid aus dem Gesicht. Entweder, weil sie auch gern einmal mit anderen vögeln würden. Oder, weil sie längst selbst ihre Partner:innen betrügen und neidisch sind, dass wir es nicht geheim halten müssen. Und wenn Sprüche wie »du kannst es dir ja leisten« kommen, dann neben wir das als Kompliment.

Es gibt ganz wenige Menschen, die moralisieren. Blöd nur, dass sie damit an uns geraten sind – denn wir können auch ganz schön scharf sein, wenn wir wollen. Wir fragen: »Und wie ist das so bei dir? Bist du noch nie fremdgegangen? ... Ach, das ist ja erstaunlich, denn ich kenne sehr viele Menschen, die betrügen. Weit über die Hälfte der Bevölkerung hat das schon gemacht. Bei dir ist das anders? Wow. Und auch nicht in deiner Fantasie? ... Ach so, schon, aber dein:e Partner:in weiß von deinen Fantasien? ... Ach nicht? So, so ...« Diese Gespräche sind meist recht schnell beendet.

Vielleicht ist es eine unbegründete Annahme vieler, sie müssten sich dafür rechtfertigen, offen oder poly zu leben. Zu uns sagen die Leute oft: Ihr steht so sortiert in eurem Leben und habt mit dem, was ihr sagt, eine krasse Wirkung. Ihr seid zufriedene Menschen – das merkt man.

Solange ihr selbst sicher seid in dem, wie ihr lebt, werdet ihr diese Sicherheit auch automatisch nach außen transportieren.

Was uns noch wichtig ist: Egal, um welches Outing es sich handelt – es kann immer Gründe geben, warum sich jemand noch nicht oder nie outet. Es gibt keinen Zwang zum Outing, auch keinen moralischen. Jede:r hat das Recht, die eigenen Vorlieben, das eigene Fühlen oder die eigene Art zu lieben ganz für sich allein zu leben oder lediglich mit ausgewählten Menschen zu teilen. Macht euch keinen Druck. Es ist euer Leben. Und nur ihr bestimmt, mit wem ihr es teilt.

Und wie sag ichs meinen Kindern?

Oft hören wir die Frage: Wir haben Kinder – wie sollen wir ihnen das denn beibringen? Wir fragen dann zurück: Denkt ihr, eure Art, Beziehung zu leben, wäre etwas Schlimmes? Wenn nicht, dann gibt es keinen Grund, sie vor den Kindern geheim zu halten. Denn alles, was man vor Kindern geheim hält, wird für sie entweder extra interessant oder bedrohlich.

Für Kinder ist wichtig, dass Mama und Papa für sie da sind und die Beziehung zwischen ihnen gut ist. Je nach Alter verstehen Kinder ohnehin noch nicht den Unterschied zwischen platonischen Freund:innen und Liebespartner:innen. Wer da jetzt grade kuschelt und sich küsst, ist Kindern bis zu einem bestimmten Alter egal. Und der Sex der Eltern ist nicht für ihre Augen bestimmt – egal in welchem Alter.

Aber Kinder sind scharfe Beobachter und lernen an unserem Vorbild. Freund:innen von uns mit Kindern im Alter von fünf und sieben Jahren waren spontan mit einem Pärchen und deren Dreijähriger in den Urlaub in ein Ferienhaus gefahren. Die Pärchen hatten sie erst vor kurzer Zeit über andere Freund:innen kennengelernt. Das Pärchen hatte schon Erfahrung mit offener Beziehung, und unsere Freund:innen hatten schon die Öffnung miteinander vereinbart, sie bislang aber noch nicht in die Realität umgesetzt.

Es kam, wie es kommen musste: Unser Freund:innen und die Frau des anderen Pärchens landeten eines Nachts miteinander im Bett. Als sie am nächsten Morgen in der offenen Küche des Ferienhauses zusammen das Geschirr spülten und sich zwischendurch umarmten und knutschten, stand plötzlich die Fünfjährige neben ihnen, guckte neugierig und fragte: Warum küsst *ihr* euch denn jetzt? Die Frau antwortete spontan: Weil es Spaß macht! Damit war die Fünfjährige zufrieden und dackelte vergnügt davon. Vermutlich auch, weil sie sah, dass ihre Mama ebenfalls im Raum war, die Szene beobachtete und völlig entspannt damit war.

Auch anderen Freund:innen von uns ist es wichtig, ihren Kindern ein offenes Weltbild mitzugeben und alles altersgerecht zu vermitteln. Warum sie uns zum Beispiel zur Begrüßung auf den Mund küssen, haben sie damit begründet, dass wir ihnen noch ein bisschen näher sind als die meisten anderen Freund:innen. So versuchen sie, den Kindern selbstverständlich und mit kindgerechter Sprache zu vermitteln, was bei ihnen vielleicht anders ist als sie es von den Familien ihrer Freund:innen kennen.

Irgendwann werden für Kinder ihre eigene Identität und das Miteinander der Geschlechter zum Thema (meistens erst mal in Form von Abgrenzung von »den Jungs« oder »den Mädchen«). Die Fragen werden ernster und die Antworten sollten fundierter sein. Wohl den Eltern, die sehr entspannt und offen mit den Kindern über diese Themen reden können. Man kann ihnen erklären, dass Mama und Papa sich lieben und Mama auch noch Peter liebt. Kinder juckt sowas nicht, sondern freuen sich mit, weil Peter nett ist und mit ihnen gerne Lego spielt und sie noch nicht die gesellschaftliche Monogamieschablone verinnerlicht haben. Lustig wird es, wenn sie im Kindergarten die anderen Kinder fragen, wen deren Mama außer ihrem Papa noch liebt – aber diese Gespräche könnt ihr dann getrost den Kids überlassen und staunen. Die sind selten auf den Mund gefallen.

Wenn ihr bereits Kinder in einem Alter habt, mit denen Gespräche über diese Themen auf Augenhöhe stattfinden, dann werden sie alternative Beziehungskonzepte bereits kennen. Redet mit ihnen offen darüber, erklärt ihnen die Gründe und wie es zwischen euch als Paar steht. Egal in welchem Alter: Eure Kinder sind nicht eure Partner:innen und haben kein Recht, euch vorzuschreiben, was ihr zu tun und zu lassen habt. Aber sie haben das Recht, euch nicht mit jemandem für sie Fremden Händchen haltend oder küssend in der Stadt zu sehen und sich dann nachträglich erklären lassen zu müssen, dass ihr schon eine ganze Weile so lebt. Das fördert nicht das Vertrauen. Sollten sie kein Verständnis dafür entwickeln können, wie ihr leben wollt, dann habt ihr sie hoffentlich zu so viel Toleranz erzogen, dass sie es einfach stehen lassen können. Und sich im besten Fall sogar mit euch freuen können.

Für Kinder ist das nichts anderes als bei jeder gut funktionierenden Patchwork-Familie. Eine sehr gute Freundin von uns hat eine Tochter, zu deren Geburtstag sowohl der Papa als auch ihr anderer Ex-Partner dabei sind, der sich nach wie vor großartig um das Kind kümmert. Alle verstehen sich super miteinander, und es ist schön zu sehen, dass das Kind mit einer solchen Vielfalt an positiven Bezugspersonen aufwächst und merkt, dass zwar Beziehungen auseinandergehen können, aber die Menschen dann nicht aus dem Leben verschwinden.

Auch die bei Instagram bekannte @happypolyfamily hat uns von diesen Erfahrungen berichtet: In der KiTa haben sie erzählt, dass die vier Frauen als Familie zusammengehören und die Kinder von allen Vieren aus der KiTa abgeholt werden dürfen. Sie haben bisher keine schlechten Erfahrungen gemacht, weil sie das sehr selbstverständlich sagen und transparent mit ihrem Lebensstil sind. Im Gegenteil: Die anderen Kinder in der KiTa sagen manchmal, wie gut sie es finden, vier Mamas zu haben.

Schluss mit lustig: Kann man die Beziehung wieder schließen?

Ist das Öffnen der Beziehung umkehrbar? Kann man eine Beziehung also auch wieder schließen? Wir glauben, das ist die falsche Frage. Die richtige wäre: Was ist denn eure Haltung zu eurer Partnerschaft? Wie denkt ihr über Ehrlichkeit, über Transparenz eurer Bedürfnisse und darüber, ob ihr euch gegenseitig überhaupt verbieten könntet, mit anderen Menschen intim zu werden? Kurz: Hängt vor eurer Beziehung eines dieser Liebesschlösser? Oder seid ihr freiwillig zusammen und wisst, dass ihr euch gegenseitig nichts verbieten könnt, weil ihr eigenständige, freie Menschen seid, die zusammen sind, weil sie sich lieben?

Ist Letzteres der Fall und ihr merkt beide, dass eine offene Beziehung nichts für euch ist, dann könnt ihr euch natürlich einvernehmlich entscheiden, fortan wieder exklusiv zu lieben. Eventuell vorhandene Sex-Beziehungen würden sich dann im besten Fall zu guten Freund:innen verändern, wenn die Personen das so mitmachen. Ansonsten wäre das wohl ein klassisches »Schlussmachen«.

Schwieriger ist es, wenn ihr zwar ohne Liebesschloss lebt, aber sich nur eine:r von euch mit dem Beziehungsmodell unwohl fühlt. Wenn sich die Person durchsetzt, würde das heißen, ihr verbietet eurem Gegenüber die Offenheit. Kann das gut zusammengehen?

Ganz kompliziert wird es, wenn ihr weitere richtige Beziehungen habt. Dann müsstet ihr euch zwischen für euch sehr wertvollen Personen entscheiden und würdet auf jeden Fall Herzen brechen.

Solltet ihr beide zu dem Schluss kommen, dass ihr die Beziehung wieder schließen wollt, dann finden wir eines wichtig: Seid krass ehrlich miteinander im Gespräch. Was sind die Gründe? Was genau lässt euch unwohl fühlen? Was soll zukünftig passieren, wenn jemand doch wieder jemanden interessant findet? Bleibt bitte auch anschließend im Gespräch: Passt die Exklusivität noch so für dich? Hast du gerade das Gefühl, dass du irgendwelche Bedürfnisse nicht ausleben kannst, es aber gerne tätest? Geht es dir gerade gut? Hast du Fantasien? Sprecht also genauso intensiv und ehrlich miteinander wie bei eurer Öffnung, nur andersherum.

Vielleicht kommt ihr nach den Gesprächen zum Ergebnis, dass ihr nur einen Schritt zurückgeht und einen Kompromiss schließt. Besonders, wenn ihr unterschiedliche Gefühle zur Schließung habt. Es ist wichtig, dass der Kompromiss auch eine konkrete Lösung für die Gründe beinhaltet, die euch ursprünglich zur Öffnung der Beziehung geführt haben. Sonst seid ihr in ein paar Monaten wieder an demselben Punkt.

Vielleicht ist es nicht die schlechteste Idee, euch eine Beziehungsberatung dazuzuholen. Sonst dreht ihr euch womöglich im Kreis und eure Beziehung leidet auf Dauer.

Puh! Wenn das Beziehungsleben nicht einfacher wird, warum tun wir uns das mit den alternativen Beziehungen dann freiwillig an? Wir glauben, die Antwort darauf, was wir an »Poly« schätzen, brauchen wir nicht mehr explizit zu formulieren – die wird in den anderen Kapiteln mehr als deutlich. Aber die eigentliche Antwort auf diese Frage liegt tiefer: Wir lieben es, an den Herausforderungen des Beziehungsalltags zu wachsen. Als Paar und als Persönlichkeiten. Selbst durch so schmerzhafte Gefühle wie Eifersucht entwickeln wir uns weiter und werden zu immer besseren Versionen unserer selbst. Der alternative Weg, Beziehung zu leben, mag nicht so straight und einfach sein wie der monogame. Aber so, wie in den Bergen die engen und anstrengenderen Wanderpfade abseits der Hauptwege meist den beeindruckenderen Ausblick bieten, sind für uns alternative Beziehungsformen trotz aller Herausforderungen die viel zauberhaftere Art zu lieben. Der Sonnenschein wiegt die paar Wolken für uns bei Weitem auf.

VIII KERNFUSION

WIE GELINGT DER START IN EINE OFFENE BEZIEHUNG?

Mein:e Partner:in würde das nie zulassen!

☐ ja ☐ nein ☐ weiß nicht

Wenn ihr bis hierher gelesen habt, dann gibt es vier Möglichkeiten: Entweder, ihr seid zwanghaft und müsst alle Bücher bis zum Ende lesen, egal wie absurd ihr den Inhalt findet. Challenge geschafft! Quält euch gern noch durch dieses Kapitel und dann schenkt das Buch Leuten, die es gebrauchen können.

Oder ihr lasst euch durch Geschichten von verrückten Leuten inspirieren, die schon da sind, wo ihr nie hingehen würdet. Ihr wolltet einfach in aller Ausführlichkeit wissen, wie krass alternative Beziehungsformen sind und ein paar Ideen für eure exklusive Beziehung mitnehmen. Ihr aber werdet weiterhin glücklich monogam leben. Alles klar – perfekt! Unseren Segen habt ihr! Lest dieses Kapitel gern noch zu Ende, denn es enthält noch viel Spannendes für euch bereit. Vielleicht lebt ihr nach der Lektüre dieses Buches eure Beziehung noch ein Stück bewusster, seid noch offener und ehrlicher, habt noch mehr Mut, euch gegenseitig eure Bedürfnisse zu gestehen und vielleicht sogar den Mut zu radikaler Ehrlichkeit. Go for it! Und empfehlt das Buch gern euren Freund:innen. Wie wäre es mit einem Insta-Post?

Die dritte Möglichkeit: Ihr lebt schon länger in einer offenen Beziehung oder sogar polyamor und habt euch von diesem Buch Inputs erhofft, wie ihr eure Beziehung weiterentwickeln könnt. Wir hoffen, dass ihr viel Gutes daraus mitnehmen konntet. Hört gern weiter in unseren Podcast rein. Auch wir entwickeln uns immer weiter und lassen euch an unserem verrückten Leben teilhaben! (Dass wir das tun, ist eigentlich das Verrückteste an der ganzen Sache.)

Die vierte Möglichkeit: Ihr seid neugierig auf alternative Beziehungsformen und könnt euch spätestens jetzt, nach dem Lesen dieses Buchs, vorstellen, die Monogamie hinter euch zu lassen und in das nicht monogame Abenteuer zu starten.

Was auch immer auf euch zutrifft: Dieses letzte Kapitel ist auf jeden Fall spannend für euch. Wir sehen uns die ersten Schritte an, die ihr gehen könnt, wenn ihr eure Beziehung öffnen wollt. Wir reden darüber, wie ihr das Thema bei eurem Lieblingsmenschen ansprechen könnt, ohne ihn zu verletzen. Oder wenn ihr Single seid: Wie ihr das Thema bei eurem nächsten Date elegant platziert.

Wir schauen uns außerdem an, ob es Anzeichen dafür gibt, dass ihr euch zuerst mit euren Beziehungsmustern beschäftigen solltet, bevor ihr euch an Abenteuer wie die Nicht-Monogamie wagt.

Bereit? Los gehts!

Schritt 1: Wie monogam tickt ihr?

Zu Beginn sollten wir eine wichtige Frage klären: Wie monogam tickt ihr? Oder anders gesagt: Taugt ihr mehr für die Monogamie oder mehr für ihre Alternativen? Wie wir bereits erwähnt haben, halten wir Polyamorie nicht für den richtigen Beziehungsstil für alle Menschen. Dafür ticken wir alle viel zu unterschiedlich. Wie schon Herta von der Eckkneipe Marc-Uwe und dem Känguru offenbarte: »Es jibt sone und solche, und dann jibt es noch janz andre, aba dit sind die Schlimmstn.«

Die Frage danach, wie monogam wir ticken, ist sehr persönlich. Dabei geht es um unsere Grundhaltungen, um unsere Werte und unseren Umgang mit unseren Gefühlen.

Bist du die bewusste, glückliche Monogamistin oder der Machen-halt-alle-so-also-ich-auch-Typ? Bist du die unglücklich Monogame, die tief in sich etwas anderes will, aber ihre Partnerin nicht verlieren möchte? Bist du der klug Vorausblickende? Bis du die Ständig-kurz-vor-dem-Fremdgehen-Dauerfremdverliebte? Oder bist du der Beziehungslegastheniker? Um das herauszufinden und die Frage zu klären, welche Schlüsse sich daraus für euch ergeben, haben wir exklusiv für dieses Buch das *Monogameter* entwickelt. Mit diesem sowohl spaßig als auch ernst gemeinten Onlinetest könnt ihr und eure Freund:innen euch auf Herz und Nieren prüfen, wie (wenig) monogam ihr tickt!

Findet heraus, wie monogam ihr tickt: www.monogameter.de

Beantwortet unter *www.monogameter.de* ein paar Fragen, findet heraus, welcher Mono- oder Poly-Beziehungstyp ihr seid und worauf ihr in euren Beziehungen besonders achten solltet!

Ihr könnt das Ergebnis sofort mit euren Partner:innen, Freund:innen und Follower:innen teilen. Entweder mit einem Vergleich eurer Antworten im Partner:innen-Modus – das ist ein toller Gesprächsanreger – oder als Partyspiel mit lustiger Rangliste. Probiert es aus! Es ist ein Megaspaß und kann euch gleichzeitig in eurem Beziehungsleben richtig weiterbringen.

Schritt 2: Houston, we (might) have a problem!

Je nachdem, was auf die Frage, wie monogam ihr persönlich tickt, herauskommt, stellt sich die nächste wichtige Frage: Seid ihr bereit dazu, die bekannten Muster der Monogamie zu verlassen? Oder wenn ihr in einer festen Beziehung steckt: Ist eure Beziehung bereit dazu?

Es gibt eine Grundvoraussetzung dafür, dass die Öffnung eurer Beziehung nicht in einem Scherbenhaufen endet: Eure Beziehung darf nicht schon längst ein Scherbenhaufen sein, der nur so tut, als wäre er eine intakte Vase.

Ein Paar aus unserem Bekanntenkreis öffnete seine Beziehung, weil es von Anfang an keine körperliche Anziehung zueinander hatte. Trotzdem liebten sich die beiden heiß und innig. Es schien erst einmal eine gute Idee, die Beziehung für Sex mit anderen zu öffnen, denn es wäre schade gewesen, die innige Liebe zwischen den beiden wegzuwerfen, nur weil körperlich zwischen ihnen nichts passierte. Heute sind die beiden trotzdem getrennt. Durch die Öffnung der Beziehung und die intensive Auseinandersetzung

Es gibt eine Grundvoraussetzung dafür, dass die Öffnung eurer Beziehung nicht in einem Scherbenhaufen endet: Eure Beziehung darf nicht schon längst ein Scherbenhaufen sein, der nur so tut, als wäre er eine intakte Vase.

miteinander kamen ganz andere Themen ans Licht. Wegen dieser Themen ist die Beziehung gescheitert. Früher oder später wäre sie das auch, wenn die Beziehung nicht geöffnet worden wäre, denn die Themen hatten mit der Öffnung nichts zu tun.

Uns ist bewusst, dass unsere eigene Geschichte dieser These auf den ersten Blick zuwiderläuft. Unsere Beziehung lag so dermaßen in Scherben! Aber es passt zusammen. Ihr werdet gleich verstehen, warum.

Was es für eure Beziehung bedeutet, sie für Sex oder sogar für Gefühle zu anderen Menschen zu öffnen, solltet ihr nicht unterschätzen. Uns allen steckt die monogame Sozialisation tief in den Knochen. Wir sind Wesen, die auf Beziehung ausgelegt sind und sehnen uns alle nach Sicherheit – eine:r mehr, eine:r weniger – und danach, das Wichtigste für einen anderen Menschen zu sein. Wenn ihr den Schritt also wagt und die ersten Erfahrungen macht, wird es manchmal zauberhaft sein und ihr beide werdet euch wie im siebten Himmel fühlen. An anderen Tagen werden eure Kommunikationsfähigkeit und eure Empathie hart auf die Probe gestellt. Daher ist es wichtig, dass eure Beziehung bereit dazu ist, *bevor* ihr sie öffnet!

Viele Paare tappen in die Falle, ihre bereits angeknackste Beziehung in der Hoffnung zu öffnen, dass die Öffnung den Druck rausnimmt und so die Beziehung rettet. Es stimmt: In vielen Fällen geht es der Beziehung vorerst wirklich besser. Alles fühlt sich leichter an, man freut sich miteinander und füreinander. Liebe liegt in der Luft. Aber die Probleme zwischen euch beiden, die dafür gesorgt haben, dass eure Beziehung angeknackst ist, sind nicht weg, weil ihr mit anderen vögelt oder andere liebt. Im Gegenteil! Der Fokus liegt zwar zeitweise woanders. Aber das ist in etwa dasselbe, wie wenn langjährige Paare sich ein Hobby suchen oder nach 15 Jahren gemeinsamer Zeit heiraten, in der Annahme, dass sie sich dadurch weniger streiten würden. Das hilft vielleicht kurz, aber der Moment wird unweigerlich wiederkommen, an dem ihr euch gegenseitig ankläffend wiederfindet – mit genau denselben zermürbenden Themen wie vorher.

Ein Hobby oder Heiraten mag vielleicht nicht gegen Probleme helfen, ist für sich allerdings im Allgemeinen unschädlich für die Beziehung. Sex mit anderen Menschen dagegen stellt die Kommunikationskompetenz hart auf die Probe und fordert ein besonders vertrauensvolles Miteinander. Wenn das in der Beziehung nicht vorhanden ist oder schwächelt, dann ist das wie eine Sollbruchstelle. Die Gefahr ist hoch, dass die Beziehung am Ende schneller am Boden liegt, als ihr gucken könnt.

Aber wenn ihr jetzt Sorge habt, ihr bräuchtet die perfekte Beziehung, bevor ihr sie öffnet: Don't panic! Das ist nicht so! Es gibt sowieso keine perfekten Beziehungen, weil Beziehungen aus unperfekten Menschen bestehen. Und perfekte Beziehungen wären vermutlich auch sehr, sehr langweilig! Also keine Sorge!

Aber es gibt prima Indikatoren, auf die zu achten klug und wichtig ist. Wenn einer davon rot leuchtet, solltet ihr euch zunächst darum kümmern, möglichst bevor eine:r von euch das erste Mal in einem fremden Bett landet.

Sehr hilfreich ist es zu reflektieren, ob es bei euch die urzeitlichen Stressreaktionen Angriff, Flucht, Erstarren oder Unterwerfung gibt; bei jedem einzelnen, in euren vergangenen Beziehungen oder in eurer aktuellen Beziehung. Ihr erinnert euch vielleicht an diese Tierdokus: Wenn die Antilope in der Savanne dem Löwen begegnet, dann flieht sie, erstarrt zu Stein, kämpft oder wirft sich auf dem Boden. Obwohl – ach nein. Die Antilope weiß, dass ein Kampf gegen einen Löwen aussichtslos ist. Zu erstarren oder sich zu unterwerfen würde bedeuten, sich direkt als Mittagessen anzubieten. Wenn die Antilope nicht rennt, ist sie am Arsch!

Wir Menschen haben uns diese vier Stressreflexe in einer Zeit erfolgreich angeeignet, in der vor unserer Höhle noch der

Säbelzahntiger oder die Krieger des konkurrierenden Stamms lauerte. Sie stecken immer noch tief in uns. Für den Überlebenskampf des Steinzeitmenschen hatten sie ihre Berechtigung. Zeigt eure Beziehung allerdings heute eine oder mehrere dieser Stressreaktionen, dann ist das ein Anzeichen dafür, dass nicht mehr alles so geschmeidig läuft, wie es sollte.

Stressreaktion »Angriff«: Zwischen Tellerwerfen und Überredungskunst

»Angriff« scheint auf den ersten Blick leicht identifizierbar: Wenn bei euch immer dicke Luft herrscht, ihr euch regelmäßig anschreit und mit Tellern werft, dann leuchtet dieser Indikator definitiv rot. Bevor es Verletzte gibt, legt dieses Buch bitte beiseite und holt euch professionelle Hilfe von Beziehungscoaches oder Paartherapeut:innen!

Angriff kann allerdings auch viel subtiler daherkommen und weniger leicht zu bemerken sein. In Kapitel IV haben wir uns schon der gewalttätigen Sprache gewidmet: Worte können sticheln, zermürben oder schwer verletzen. Nicht selten setzen Partner:innen sie ganz gezielt ein, um das Gegenüber zu verunsichern oder die eigene Meinung durchzusetzen. Es geht dabei um Macht, um das Sichern der eigenen Stellung und um das Kaschieren eigener Unsicherheit. Wer zuerst angreift, hat die besseren Karten, ist die meist unbewusste Strategie. Oft ist es aber auch nur Hilflosigkeit.

Einer von Sarahs Freunden war völlig überfordert mit der Balance zwischen seinen Gefühlen für Sarah und denen zu einer neuen Frau, die er kennenlernte, während er mit Sarah zusammen war. Statt seine Verunsicherung offenzulegen und ehrlich darüber zu sprechen, fing er an, in seinem Auftreten Sarah gegenüber immer angriffiger zu werden. Obwohl sie sich der dahinterliegenden Mechanismen bewusst war, konnte sie es irgendwann nicht mehr verhindern, den Gegenangriff zu starten. Das führte zu einem richtigen Machtkampf und schließlich zum Ende der Beziehung.

Angreifen können wir aber auch durch verdeckte Manöver, die unser Gegenüber von unserer Position überzeugen sollen, etwa durch eine subtile »Schönung« der Wahrheit oder durch die besonders vorteilhafte Präsentation unserer präferierten Option in einer Entscheidungsfrage. Kurz: Immer, wenn wir uns durchsetzen wollen (in Schakalsprache), statt aufrichtig nach einer gemeinsamen Lösung zu suchen (in Giraffensprache).

Auch Passivität kann ganz schön aggressiv sein: Wenn sich eine:r von euch einem Gespräch verweigert, das Gegenüber immer wieder abblitzen lässt oder ihm die kalte Schulter zeigt. Oder wenn sich eine:r von euch gar nicht bemüßigt fühlt, sich auf die Sichtweise des Gegenübers zumindest probehalber einzulassen.

Selbst wenn nach außen hin alles friedlich erscheint, kann in eurer Beziehung der Angriffsmodus herrschen. Das ist immer dann der Fall, wenn ihr das Gefühl habt, euch gegenüberzustehen und gegeneinander zu arbeiten, statt auf derselben Seite zu sein. Das Fiese ist: Dieses Muster ist gesellschaftlich durchaus akzeptiert. Ihr kennt das Gefasel von den Männern vom Mars und den Frauen von der Venus, die sich zwangsläufig fremd sind und froh sein können, wenn sie sich nicht gegenseitig an die Gurgel gehen. Das ist echter Bullshit! Es zementiert althergebrachte Geschlechterstereotype. Abgesehen davon, dass dieses Gefasel auf queere Beziehungen jenseits der Heteronormativität nicht passt, stimmt es auch generell nicht. Partnerschaft ist das Miteinander von zwei Partner:innen, nicht das Gegeneinander oder Nebeneinander von zwei Bekannten. Ihr seid auf derselben Seite! Und immer, wenn sich das nicht so anfühlt, seid ihr wahrscheinlich im aktiven oder passiven Angriffsmodus.

Stressreaktion »Flucht«: Bloß weg hier!

Die zweite Stressreaktion von Antilopen und Menschen ist die Flucht: Bloß weg hier! Sie ist beliebt, weil sie bequem ist. Wir entziehen uns der unangenehmen oder gefährlichen Situation. Und das aus ganz unterschiedlichen Gründen: Die einen fliehen vor den Angriffen des Gegenübers, andere vor der Auseinandersetzung mit den eigenen Schatten, wieder andere vermeiden damit, ihre eigene Komfortzone verlassen zu müssen.

Wir flüchten aus der Beziehung in die Arbeit, in ein Hobby, in den Sport. Die Beziehungspartner:innen leben dann häufig in Parallelwelten vor sich hin, haben sich nichts mehr zu sagen und sind irgendwann nur noch eine schlechte WG. Oft haben sie nicht mal mehr Sex.

Bei monogamen Paaren auch sehr »beliebt«: Eine:r der beiden flüchtet in eine Affäre. Dort ist das Prickeln wieder zu spüren, man versteht sich blind und schwebt auf rosa Wolken. Viele Fremdgänger:innen genießen das Gefühl, in der Affäre aufzutanken und dem Stress zu Hause zu entfliehen. Damit scheint die eigentliche Beziehung auch leichter zu ertragen. Aber besser wird sie dadurch natürlich nicht.

Es muss auch nicht gleich eine Affäre sein. Der Standard in unserer Gesellschaft, Beziehungen zu leben, ist die serielle Monogamie. Man wechselt also von einer monogamen Beziehung in die nächste. Mit Anfang 20 mag man sich noch ausprobieren. Aber viel zu oft passiert es, dass Menschen jahrzehntelang die eigenen Themen nicht bearbeiten und die Schuld an der schlechten Beziehung im jeweils aktuellen Gegenüber sehen. Funzt die Beziehung nicht, dann springen sie von Bord und suchen sich ein neues Gegenüber, mit dem dasselbe Spiel von vorn beginnt. Die Feststellung »wir passen doch nicht zusammen« wird so zur ewigen Flucht vor sich selbst und den eigenen destruktiven Beziehungsmustern.

Vielleicht bleibt ihr aber auch gern ein wenig länger auf

der Arbeit als nötig und der Gedanke an zu Hause hebt eure Stimmung nicht. Egal, ob mit einem zu intensiven Hobby oder einer Affäre: Wenn ihr das Gefühl habt, es zieht euch nicht mehr zueinander, sondern ihr geht euch aus dem Weg, dann seid ihr vielleicht auf der Flucht.

Übrigens, verwechselt das bitte nicht: Jede:r von euch darf und sollte eine eigenständige Person mit eigenen Hobbys und Lebensbereichen sein! Für eine gesunde Beziehung ist es megawichtig, dass jede:r von euch auch den eigenen Bereich hat. Nicht geheim, aber ein Bereich, der jedem für sich gehört. Wenn zwei immer nur miteinander rumhängen, dann kann (nicht muss!) das auf Dauer auch ganz schön selbstzentriert werden und die Beziehung wird vielleicht nicht so gut wachsen und gedeihen. Wenn ihr eigenständige Lebensbereiche für euch habt, dann flieht ihr nicht voneinander, sondern nehmt euch ganz bewusst Zeit für euch. Und die Energie fließt wieder in die Partnerschaft zurück. Das ist der Unterschied.

Und noch etwas: Nicht jede Affäre muss eine Flucht sein! Sarah hatte auch mehrere Affären und war gleichzeitig glücklich mit Nick. Bei ihr war es der Reiz des Neuen, die Lust auf neue Haut und Sex mit unterschiedlichen Menschen. Etwas, das grundsätzlich in Ordnung ist und auch damals gewesen wäre, wenn sie es nur nicht im Geheimen gemacht hätte. So war es eben ein Betrug und der hat uns fast unsere Beziehung gekostet. Wir sind so froh, dass es nicht so gekommen ist!

Stressreaktion »Erstarrung«: Hoffentlich merken wir nicht, wie tot wir sind!

Erstarrung ist wahrscheinlich das am weitesten verbreitete Symptom angeschlagener Partnerschaften. Wenn die Antilope einem Löwen begegnet und es klar ist, dass Flucht keine

Aussicht auf Erfolg hat (und Kampf sowieso nicht), dann bleibt die Antilope einfach wie erstarrt stehen, in der Hoffnung, der Löwe könnte seine Brille vergessen haben und sie übersehen. Oder sie bricht zusammen und stellt sich tot, weil Löwen kein Aas fressen. Wer aber weiß, welch scharfen Blick und welch feine Nase unsere heimischen whiskassüchtigen Stubentiger haben, wird sich vorstellen können, wie selten Antilopen damit durchkommen, wenn der Löwe wirklich Hunger hat.

Auch bei uns Menschen und unseren Beziehungen klappt das nicht gut und trotzdem verhalten sich viele Paare so. Sie existieren nur noch als leere Hüllen. Man hat sich arrangiert. Man bewahrt nach außen (und oft genug auch nach innen) eine glänzende Fassade. Manchmal scheint sogar alles richtig perfekt. Was für ein tolles Paar! Die beiden hassen sich auch nicht oder meiden die Gegenwart des anderen Menschen nicht. Sie haben sich sogar viel zu sagen. Aber in den wirklich wichtigen Angelegenheiten schweigen sie. Konflikte, Probleme, unterschiedliche Sichtweisen auf das Leben, unterschiedliche Wünsche und tiefe Bedürfnisse – das wird totgeschwiegen. Beide wissen das, trauen sich aber nicht, die Büchse der Pandora zu öffnen. Die Gefahr, dass in wenigen Sätzen alles mit einem gewaltigen Knall implodiert, scheint einfach zu groß. Und so unternehmen beide alles, um das Kartenhaus stabil zu halten und »es« einfach nicht anzusprechen.

Solche Dynamiken gibt es auch bei reflektierten Menschen wie ihr es seid. (Das seid ihr! Würdet ihr sonst ein Buch wie dieses in Händen halten?) Paare, die grundsätzlich offen miteinander umgehen, können eine unheimliche Kreativität darin entwickeln, gezielt spezielle Bereiche ihres Miteinanders einzufrieren und unter das unausgesprochene Schweigegelübde zu stel-

Der Motor ist die noble Angst, viel Gutes bei dem Versuch kaputtzumachen, ein erträgliches Problem zu lösen.

len. Der Motor dafür ist nicht die fehlende Bereitschaft zur Selbstreflexion oder die Unfähigkeit zu kommunizieren. Obwohl beides natürlich verstärkend wirkt. Der Motor ist die noble Angst, viel Gutes bei dem Versuch kaputt zu machen, ein erträgliches Problem zu lösen. Doch steter Tropfen höhlt den Stein. Und mit der Zeit zermürbt diese eine (vielleicht doch nicht so) kleine Sache die Beziehung so sehr, dass sie irgendwann scheinbar ohne Grund in sich zusammenfällt.

Stressreaktion »Unterwerfung«: Mein Raum ist dein Raum ist kein Raum

Wenn unserem Höhlenmenschen weder Angriff noch Flucht noch Starre zielführend erscheint, greift er nach der letzten klassischen Stressreaktion: der Unterwerfung. Sie ist besonders fies, weil verführerisch leicht, effektiv und schmerzarm. Wir erkaufen uns den Frieden.

Mit dem Säbelzahntiger kann man nicht verhandeln, aber mit Menschen durchaus. Wir können herausfinden, was sie als Gegenleistung dafür verlangen, uns wohl gesinnt zu sein. Entsprechend verhalten wir uns. Voilà, fertig ist die Unterwerfung! Die muss unser Gegenüber nicht einmal bewusst einfordern. Wir Menschen können erstaunlich brillant darin sein, uns mit vorauseilender Unterordnung die Gunst von Menschen zu sichern, ohne dass diese das überhaupt bemerken.

Unterwerfung bedeutet nicht immer Kapitulation. Sie kann auch darin bestehen, immer Ja zu sagen, obwohl wir manchmal lieber Nein sagen würden. Oder die Erwartungen anderer über unsere eigenen zu stellen. Anderen mehr Zuneigung vorzuspielen als vorhanden ist. Unseren eigenen Schmerz für uns zu behalten, um keinen Streit zu provozieren. Uns den Kopf darüber zu zerbrechen, ob wir für unser Gegenüber passend oder genug oder passend genug sind. Oder darin, uns für die Reaktionen von anderen auf unsere Standpunkte und Bedürfnisse verantwortlich zu fühlen. Kurz: Es heißt, uns selbst keinen Raum zu geben.

Das Fundament dafür ist immer ein subtiles Machtgefälle. Wir unterwerfen uns freiwillig dem Gegenüber und seinen (manchmal nur vermeintlichen) Wünschen. Damit erkaufen wir uns Zuneigung oder Waffenruhe. Unsere eigenen Bedürfnisse bleiben dabei auf der Strecke. Aber hey, immerhin überleben wir und werden geliebt! Wie schwach dieser Trost ist und wie zerbrechlich diese Liebe, merken wir meist erst auf lange Sicht.

Das Fatale daran ist, dass die Strategie der Unterwerfung perfekt den in uns allen mehr oder weniger stark eingebauten Wunsch nach Einfluss und Kontrolle bedient. Egal ob der machthungrige Narzisst oder der etwas unsichere, aber ganz nette Max Mustermann von nebenan: Wir Menschen haben Rezeptoren, an die solche Unterwerfungsangebote andocken. Wem gefällt es nicht, wenn Menschen uns unsere Wünsche von den Augen ablesen? Wenn es nie Streit gibt? Wenn die Person mit unseren Vorschlägen immer einverstanden ist? Wenn sie immer unserer Meinung ist und uns zustimmt? Wenn sie immer macht, was wir wollen, sogar ohne, dass wir etwas sagen?

Nur wenn unsere Differenzen Raum haben dürfen, finden wir unsere echten Gemeinsamkeiten, die unser Miteinander wirklich stark machen.

Bei frisch Verliebten ist das alles meist Standard. Es gehört zum Balzritual, das Gegenüber auf Rosen zu betten und über Unzulänglichkeiten hinwegzusehen. Das ist okay, solange es auf Gegenseitigkeit beruht und beide es auf Augenhöhe tun. Aber so schön es ist – ein Dauerzustand kann das in einer guten Beziehung nicht sein. Eine gute Beziehung braucht den Dialog, die Diskussion, das Ringen um Wahrheiten und Wege, das (liebevolle) Widersprechen und die gesunde und respektvolle Abgrenzung voneinander, wenn beide etwas Unterschiedliches denken oder fühlen. Nur wenn unsere Differenzen Raum haben dürfen, finden wir unsere echten Gemeinsamkeiten, die unser Miteinander wirklich stark machen.

Erkennt ihr eines dieser Muster in eurer Beziehung? Oder gar mehrere? Seid ihr im Angriffsmodus? Flüchtet ihr immer wieder voreinander oder euren Themen? Habt ihr Bereiche eures Miteinanders in die Tiefkühltruhe gelegt, ganz nach hinten ins ewige Eis? Oder bekommt eine:r von euch weniger Raum als eigentlich nötig wäre? Oder erkennt ihr diese Stressreaktionen aus früheren Beziehungen bei euch wieder? Dann solltet ihr euch zunächst darum kümmern. Zu erläutern, wie ihr das angeht, würde Umfang und Thema dieses Buches sprengen. Es gibt unzählige Ratgeber dazu. Die Suchmaschine eures Vertrauens wird ebenfalls einiges dazu ausspucken. Oder ihr sucht euch Unterstützung bei guten (Beziehungs-)Coaches; am besten bei welchen, die bei der Erwähnung alternativer Beziehungsformen nicht nervös mit den Augenlidern zucken.

Also: Redet miteinander! Findet die Risse in eurer Beziehung, die sich im Lauf der Öffnung als Problem herausstellen könnten. Sorgt dafür, dass eure Kommunikation »giraffig« wird. Vielleicht hilft es euch auch schon, über diese Muster zu sprechen, um die Schieflage in eurer Beziehung zu identifizieren und zu korrigieren. Nehmt euch Zeit dafür. Es lohnt sich.

Aber eure Beziehung lag doch in Scherben!?

Ihr fragt euch vielleicht die ganze Zeit: Ihr lieben Unverblümten, eure Beziehung lag doch völlig in Scherben? Und ihr habt eure Beziehung auch geöffnet! So what?

Es stimmt, unsere Beziehung war ein Trümmerhaufen. Wir waren am Tiefpunkt angelangt. Aber wisst ihr was? Das wünschen wir niemandem. Bei uns ist es gut gegangen. Unsere Beziehung war tragfähig genug, weil wir den absoluten Willen hatten, an ihr festzuhalten. Sarah wollte das. Der Grund für ihre Affären war, wie schon erwähnt, nie Unzufriedenheit mit ihrer bestehenden Beziehung oder gar mit Nick persönlich. Und selbst für Nick, der nach dem Knall wirklich krasse Phasen durchlebt hat, war durchgehend klar: Er glaubte an uns.

Völlig am Boden zu liegen, bietet auch eine Menge Chancen. Wenn man ganz unten ist, hat man nichts mehr zu verlieren. Man kann grundlegend ehrlich zu sich selbst und zueinander sein. Ihr habt die Chance, ganz neu und ganz frisch anzufangen. Und ihr könnt euch ohne Angst selbst ganz neu entdecken. Und genau das haben wir damals getan! Dieses Tal war sehr dunkel, aber wir haben dort unsere Beziehung, unser Miteinander, unser Wir neu entdeckt und auch uns selbst als Persönlichkeiten neu definiert. Und am Ende des Tals wartete die Sonne auf uns.

Es lohnt sich also, nichts hinzuschmeißen, selbst wenn schon alles kaputt scheint. Wir haben aus der Not eine Tugend gemacht. Wenn Sarah nicht durch ihren Betrug vorgeprescht wäre: Wer weiß, ob wir uns je auf diesen Weg begeben hätten. Aber das Risiko ist hoch. Und der emotionale Schaden groß. Viel, viel schöner und besser ist der Prozess, wenn ihr diese »Abkürzung« nicht nehmt, sondern die ersten Schritte gemeinsam macht.

Jetzt haben wir viel über die Voraussetzungen für eine offene Beziehung gesprochen. Achtung, jetzt wird es konkret: Wie kann so ein Weg aussehen?

Schritt 3: Wie sag ichs meinem Herzensmenschen?

Einer der aufregendsten Schritte steht gleich am Anfang: Wie sag ichs meinem Gegenüber? Entweder der Person, mit der ich bereits in einer exklusiven Beziehung bin. Oder dem Date, mit dem ich grade an der Bar vor meinem *Sex on the Beach* sitze (noch ohne Sex).

Viele haben Angst vor diesem Moment. Angst davor, abgelehnt zu werden, den Augenblick oder die ganze Beziehung kaputtzumachen. Was, wenn unser Lieblingsmensch glaubt, wir wären unzufrieden mit der Beziehung? Mit dem Sex? Oder generell? Was, wenn die Person tief getroffen ist? Was, wenn der heiße Typ uns gegenüber sich nicht vorstellen kann, uns mit jemandem zu teilen? Immerhin ist Exklusivität für die meisten Menschen, obwohl meist nur still vereinbart, eine der größten Selbstverständlichkeiten und gleichzeitig eines der sensibelsten Themen.

Unsere größte Angst ist: Wir stehen ganz allein mit unserem Wunsch da. Unser Herzensmensch wird das nie zulassen! Und wenn wir das Thema ansprechen, dann ist ein irreparabler Knacks in unserer Beziehung.

Die Angst ist berechtigt. Aber vermutlich nicht so berechtigt, wie ihr glaubt. Die Frage ist doch eine andere: Wenn ihr euch nicht traut, aufgrund dieser Angst ein so wichtiges Bedürfnis mit eurem Gegenüber zu teilen, ist dann nicht etwas schräg in eurer Beziehung? Habt ihr die Themen Exklusivität, Eifersucht, Verlustängste, Zukunftspläne vielleicht in eure Tiefkühltruhe gepackt und unausgesprochen ein Schweigegelübde darüber abgelegt? Ist eure Beziehung zumindest in diesem Aspekt erstarrt?

Überlegt mal: Ihr teilt euer Leben mit jemandem, aber verschweigt etwas Wichtiges aus Sorge, eure Beziehung könnte Schaden nehmen. Klingt das nach einer gesunden

Dynamik? Wir würden sagen: Nein! Wenn ihr begründete Sorge habt, eure Beziehung würde schon bei dieser Frage in Turbulenzen geraten, dann macht euch vielleicht noch einmal auf den Weg, an eurem Miteinander zu arbeiten. Es lohnt sich, diesen Umweg zu machen!

Aber was – und ist das vielleicht viel wahrscheinlicher –, wenn die Angst vor der Antwort eures Lieblingsmenschen vor allem euer eigener Film ist? Was, wenn euren Lieblingsmenschen ähnliche Gedanken bewegen und er dieselbe Angst hat, sie euch mitzuteilen? Was, wenn ihr gar keine Ahnung habt, wie euer Gegenüber bei diesem Thema tickt, weil ihr es bisher als selbstverständlich genommen habt?

Vermutlich wird die Parole in den meisten Fällen sein: Traut euch! Ist das Eis erst einmal gebrochen, wird es viel leichter, über die weiteren Punkte zu reden.

Lasst keine Bombe platzen, gebt lieber Sicherheit!

Und wie geht das jetzt? Natürlich könnt ihr eine Bombe platzen lassen und es direkt ansprechen: »Hey Schatz, ich will mit anderen Sex haben!« Derartiges »polybombing« – also das Gegenüber einfach vor vollendete Tatsachen zu stellen – ist vielleicht ab und zu erfolgreich. Meist wohl eher nicht.

Die meisten Menschen wollen sanft aus ihren gewohnten Denkmustern geführt und nicht mit Gewalt geschubst werden. Ein kluger Weg ist, das Thema indirekt über ein Hilfsmittel zu platzieren. Ein hervorragendes haltet ihr in der Hand: Irgendwoher werdet ihr dieses Buch ja haben, und wenn euer Herzensmensch davon weiß, dann habt ihr euren Gesprächsaufhänger. Denn bestimmt wartet er:sie gespannt darauf, was ihr zu dem Buch sagt. Vielleicht lest ihr es sogar gemeinsam – dann seid ihr schon im Gespräch.

Wenn ihr das Buch bisher nur für euch gekauft und gelesen habt, dann zeigt es eurer Herzensperson und sagt: Guck mal, was für ein verrücktes Buch ich gekauft habe. Das Paar ist ganz schön crazy: Die haben Sex mit anderen Menschen und lieben sie sogar. Und dann redet darüber, ob ihr euch das auch für euch vorstellen könnt.

Die andere Möglichkeit: das *Monogameter*! Bei unserem Persönlichkeitstest zum Thema Monogamie unter monogameter.de könnt ihr eure:n Partner:in einladen. Im Paar-Modus macht ihr den Test separat, erfahrt eure Ergebnisse aber noch nicht sofort, sondern erst, wenn die andere Person den Test auch beendet hat. Vor der Freigabe der Ergebnisse müsst ihr einander versprechen, das Ergebnis eures Gegenübers wertzuschätzen und dessen Ehrlichkeit zu honorieren. Das wird spannend!

Wichtig ist auf jeden Fall: Gebt eurem Gegenüber Sicherheit! Ihr liebt diesen Menschen, also sagt es! Ihr wollt ihn nicht verlassen, also sagt es! Wenn jemand mit dieser frisch bestätigten Gewissheit mit eurem Wunsch konfrontiert wird, dann ist das Nervensystem eher in der Lage, ruhig zu bleiben.

Denn wenn uns unser Lieblingsmensch mit der Idee konfrontiert, die Beziehung zu öffnen, kommen wir schnell auf die Idee, wir selbst seien nicht gut genug. Dass das nicht stimmt, solltet ihr von Anfang an klar machen.

Und wenn schon jemand da ist?

Hui! Diese Trockenübung hört sich kribbelig an. Aber was, wenn es im Geheimen schon jemand anderen in eurem Leben gibt?

Wenn ihr lediglich ein Auge auf die Person geworfen habt, besteht vermutlich kein Grund zur Sorge. Eurem Lieblingsmenschen wird das auch schon so ergangen sein. Darauf solltet ihr setzen und eure erste Übung in radikaler Ehrlichkeit machen: Erzählt freimütig, um wen es geht. Aber schämt euch nicht dafür. Die Person ist vermutlich attraktiv und großartig. Und allein, dass ihr eurem Gegenüber von euren Gefühlen oder eurem Verlangen erzählt, ohne dass ihr bisher weitergegangen seid, sollte Beweis genug sein, dass ihr es ernst damit meint, euer Gegenüber nicht verarschen zu wollen. Wenn euer Herzensmensch cool ist, wird er verstehen, warum es genau dieser Mensch ist, den ihr im Auge habt, und euch zu eurer Wahl gratulieren.

Wenn ihr allerdings bereits weitergegangen seid und geknutscht habt oder Sex hattet, dann bleibt euch nur: Habt den Arsch in der Hose und beichtet es! Dann fangt aber besser auch gar nicht erst von Polyamorie oder offener Beziehung an. Nehmt euch eine ruhige, ungestörte Gelegenheit und sagt, dass ihr Scheiße gebaut habt, dass es euch leidtut, dass ihr euren Herzensmensch liebt und ihn nicht verlieren wollt. Und fragt, was euer Gegenüber jetzt braucht.

Diesen Staub müsst ihr fressen. Denn erst wegen offener Beziehung rumzueiern, um dann später mit der Wahrheit rauszurücken, dass ihr für euch selbst schon längst ein Freiticket gezogen habt – das kommt nicht gut an, glaubt uns. Lasst es einfach! Steht euren Mann oder eure Frau, beichtet und räumt auf! Das ist allemal besser, als wenn es plötzlich, wie bei uns, mit einem Knall rauskommt. Beendet die Lüge selbst und hofft auf Vergebung Das ist ein wichtiges Zeichen für euer Gegenüber! Und der wichtigste Schritt dahin, dass es mit euch beiden trotz Fremdgehens weitergehen kann.

Wartet nicht auf einen passenden Moment. Nehmt einfach einen und macht ihn passend.

Auf den »richtigen« Moment zu warten, könnt ihr vergessen. Sarah hat auch ewig gewartet und irgendwann war es zu spät. Wartet nicht auf einen passenden Moment. Nehmt einfach einen und macht ihn passend.

In dieser Situation hat uns ebenfalls ein Buch geholfen: »Treue ist auch keine Lösung« von Holger Lendt und Lisa

Fischbach. Sarahs Fremdgehen war schon rausgekommen und sie las in der Aufarbeitung Nick immer wieder Passagen daraus vor. Für uns war die Beschäftigung mit diesem Buch ein Türöffner. Sarah konnte Aspekte, die uns betrafen, noch einmal auf eine andere Ebene transportieren, ohne direkt über sich selbst sprechen zu müssen. Das machte es für sie in manchen Situationen leichter.

Dass eine offene Beziehung trotz Fremdgehens wie bei uns vielleicht trotzdem das Richtige für euch ist, das steht auf einem anderen Blatt. Berichtet doch davon, dass euch dieses Buch dazu gebracht hat, ehrlich zu sein und dass ihr von jetzt an ehrlich sein wollt. Lest die Kapitel gemeinsam. Vielleicht kann unsere Geschichte als Beispiel dafür dienen, wie auf Scheiße wundervolle Blumen wachsen können.

Über die Jahre haben wir viele Podcast-Zuschriften von Paaren bekommen, die es trotz eines Betrugs geschafft haben, beieinander zu bleiben, einander zu vergeben und jetzt (wieder) glücklich zu sein. Wir sind also kein Einzelfall!

Ein befreundetes Pärchen nahm sich nach dem Betrug viel Zeit, bevor es die Beziehung bewusst und einvernehmlich öffnete. Heute leben die beiden mit festen weiteren Partnern glücklich poly. Wenn ihr in dieser Situation steckt, ermutigen wir euch: Bleibt dran!

Und wenn euer Gegenüber abblockt?

Wenn euer Herzensmensch geschockt von der Idee ist, die Beziehung zu öffnen zu, dann darf das erst einmal so sein! Jede:r hat ein Recht auf seine Gefühle.

Unser Vorschlag: Geht das Buch gemeinsam durch und zieht die Aspekte heraus, die für euch als Paar gut sind: Kommunikation, Ehrlichkeit, Bedürfnisse. Und so weiter.

Vielleicht lasst ihr eure Beziehung geschlossen, lebt aber eine noch bessere Beziehung als jetzt. Und ihr beide seid exklusiv megaglücklich. Vielleicht verliert euer Gegenüber aber auch die Sorge, weil es merkt, welche Schönheit in offenen Beziehungen stecken kann.

Macht keinen Druck. Lasst euer Gegenüber kommen.

Schritt 4: Mutet euch einander zu!

Egal, wie euer Start in das Thema ist: Für euer gesamtes weiteres Gespräch ist es wichtig, nichts zurückzuhalten. Wenn ihr später mit anderen ins Bett gehen solltet, könnt ihr immer noch abmachen, wie viel ihr euch von euren Abenteuern berichten und wie viel ihr für euch behalten wollt. Aber jetzt ist radikale Ehrlichkeit unerlässlich. Erzählt euch, was ihr fühlt, was ihr euch wünscht und wo eure Grenzen sind. Jetzt ist die Gelegenheit!

Mutet euch auch eure Gefühle zu. Behaltet sie nicht für euch. Wenn ihr Angst habt, wütend seid oder verletzt: Sprecht es aus! Achtet dabei auf die Regeln für gute Kommunikation aus Kapitel IV.

Allerdings hat auch jeder von euch das Recht zu sagen, wenn es zu viel ist. Überfordert euch nicht und macht lieber an einem anderen Tag weiter. Was uns zum nächsten Punkt bringt:

Schritt 5: Nehmt euch Zeit!

Es ist wichtig, dass ihr einander die Zeit gebt, die ihr beide braucht. Eine Entscheidung wie die Öffnung einer Liebesbeziehung schütteln die meisten Menschen nicht aus dem

Ärmel. Wir müssen erst einmal unsere Gefühle sortieren, uns der Loyalität des Gegenübers sichergehen und uns auf das einlassen, was kommt. Wenn ihr euer Gegenüber hetzt, gewinnt ihr nichts. Höchstens Probleme.

Stellt euch euren ersten Bungeesprung vor. Wenn ihr auf der Brücke steht und in die Schlucht guckt, dann springt ihr nicht einfach hinunter. Ihr konzentriert euch, schaut euch um, versichert euch, dass das Seil hält, indem ihr der Person tief in die Augen seht, die das Seil gemessen und befestigt hat und spürt, ob sie vertrauenswürdig ist. Ihr geht noch einmal im Kopf durch, wie ihr euch verhalten sollt, sobald ihr in die Rebound-Phase kommt, also wieder nach oben geschleudert werdet. Dann konzentriert ihr euch und irgendwann springt ihr wirklich.

Mit der Entscheidung, eure Beziehung zu öffnen, kann es euch ähnlich ergehen. Natürlich gibt es Leute, die wagemutig einfach ins Abenteuer eintauchen. Aber die meisten Menschen brauchen etwas Zeit. Manche Paare haben in einer Woche alles Nötige besprochen, andere reden monatelang darüber, bevor sie wirklich loslegen. All das ist okay. Seid einfach ehrlich miteinander und sagt, wie viel Zeit ihr braucht.

Es ist großartig, wenn ihr euch regelmäßig bewusste Momente zum Reden nehmt: Lasst euch eine Badewanne ein, geht spazieren, redet miteinander, während ihr ineinandersteckt und euch genießt – was auch immer zu euch passt.

Schritt 6: Scheißt auf Regeln!

Das erste, was die meisten Paare auf dem Weg in eine offene Beziehung tun: Sie rätseln herum, welche Regeln sie sich auferlegen sollen.

Regeln bieten Sicherheit. Regeln sind eure Leitplanken für die kurvige Fahrt auf den unbekannten Bergstraßen, die vor euch liegen. Sie helfen euch, genau zu wissen, was für euch noch geht und was nicht mehr. Das gibt Sicherheit und ermöglicht euch, auch bei rasanter Fahrt nicht in den Abgrund zu stürzen. Oder?

Was haltet ihr von folgender These? Regeln braucht nur, wer sich nicht aufeinander einstellt und kein Vertrauen in das Gegenüber hat.

Noch einmal: Regeln bieten äußere Sicherheit. Brauchen aber äußere Sicherheit nicht vor allem diejenigen, die innen unsicher sind? Wenn eure Beziehung sich wackelig anfühlt und ihr nicht das Gefühl habt, genügend Halt beieinander zu haben, dann scheinen Regeln zunächst einmal eine gute Idee zu sein. Doch wir glauben, dass das am Ende ein Trugschluss ist. Wir sagen euch auch, warum:

Regeln braucht nur, wer sich nicht aufeinander einstellt und kein Vertrauen in das Gegenüber hat.

Statt die Angst zu füttern, schaut auf das Ziel!

Wenn ihr Regeln aufstellt, dann legt ihr euer Augenmerk nicht auf das, was geht, sondern auf das, was nicht geht. Ihr definiert, was für euch problematisch ist und sagt: »Bis kurz davor und nicht weiter!« Ob das gut ist?

Einerseits bleibt ihr damit an der Oberfläche. Wenn ihr etwa vereinbart, nicht mit jemandem aus dem gemeinsamen Freundeskreis ins Bett zu gehen (ein Klassiker), dann ist das eindeutig. Aber was steckt hinter dem Bedürfnis, das so zu regeln? Ist es vielleicht eure Unsicherheit, wie ihr bei gemeinsamen Treffen mit der Person umgehen sollt, die mit eurem Herzensmenschen vögelt? Ist es die Angst, dass ihr euch ausgeschlossen fühlt, weil ihr das Wir der beiden spürt? Oder weil die beiden miteinander rummachen, während ihr danebensteht? Vermutlich etwas davon oder etwas ganz anderes. Aber irgendetwas steckt auf jeden Fall dahinter. Denn »keine gemeinsamen Freund:innen vögeln« hat als Argument kein Fundament. Es braucht eine weitere Begründung, warum das für euch (oder für eine:n von euch) nicht geht.

Andererseits habt ihr einen negativen Fokus. Ihr schielt auf die Grenze und füttert eure Gehirne mit dem, was verboten ist. Wusstet ihr, dass unser Gehirn das Wort »nicht« schlecht verarbeiten kann? Bei kleinen Kindern merkt man das besonders: Wenn ein Vierjähriger stolz, aber unsicher, ein volles Glas Wasser in der Hand balanciert und ihr ruft »Nicht fallen lassen!«, dann könnt ihr schon mal Lappen und Kehrblech holen. Das kindliche Gehirn fokussiert sich auf die Aussage (»fallen lassen«) und die Wahrscheinlichkeit ist hoch, dass die Muskeln genau diesen Befehl ausführen.

So geht es uns Erwachsenen im Grunde auch, nur dass wir natürlich gelernt haben, mit logischem Denken Negationen zu verarbeiten und unsere Impulskontrolle zu aktivieren. In unserem Kopf läuft dabei in Sekundenbruchteilen ein kleiner Kampf ab. Unser Stammhirn, der evolutionsgeschichtlich ältere Teil unseres Gehirns, ist für Gefühle und Intuition zuständig, beherrscht aber kein logisches Denken. Es bekommt die Info »fallen lassen« über das Gehör, will genau das tun und schickt schon einmal entsprechende Botenstoffe an die nächste Instanz, den präfrontalen Kortex oder Frontallappen. Der ist für das logische Denken zuständig und fungiert wie eine Art Filter. Er kontrolliert und blockt die Impulse unseres Stammhirns, die er für nicht sinnvoll hält. Das hat uns einen riesigen Vorteil in der Evolution verschafft. Aber der Filter hat seinen Preis: Er braucht Zeit, um seine Arbeit zu tun – manchmal eine Millisekunde zu lang.

Wenn jemand vor euch auf der Straße läuft und einen Schritt machen will, ihr aber eine Gefahr heranrasen seht, dann ruft besser »Stopp!« statt »Nicht weiter!«. Die Reaktion beim ersten Wort wird schneller sein – vielleicht um den entscheidenden Augenblick. Die positiv formulierte Aktion »Stopp«, die vom Stammhirn initiiert wird, kann den Frontallappen ungehindert passieren und vielleicht Leben retten.

Und so ist es auch mit den Regeln beim Öffnen einer Beziehung. Die meisten setzen euren Fokus auf das, was ihr nicht wollt, und unbewusst zieht es euch magisch genau dorthin. Euer logisches Denken bekämpft diesen Impuls zwar, weil es durchaus versteht, dass die Information als »tu das nicht« gemeint ist. Aber müssen wir euch erzählen, wie schlecht unser logisches Denken funktioniert, wenn wir jemanden megaheiß finden oder wir gar Hals über Kopf verknallt sind?

Außerdem füttert ihr mit diesem Fokus immer eure Ängste, die euch dazu gebracht haben, diese Regeln einzurichten. Wenn ihr auf einer Hängebrücke in luftiger Höhe geht, dann ist es ein Unterschied, ob ihr euch ständig sagt »Ja nicht nach unten gucken!« oder ob ihr euch sagt »Immer nach vorne gucken!«. Beim ersten füttert ihr eure Angst vor der Tiefe. Beim zweiten richtet ihr euren Fokus auf das Ziel und vergesst im besten Fall die Angst.

Wer plant schon sein Abenteuer bis ins Detail?

Die andere Herausforderung: Abenteuer und Beziehungen kann man selten planen, erst recht nicht Beziehungsabenteuer. Ihr könnt euch wochenlang den Kopf zermartern und die schönsten Regeln aufstellen, doch früher oder später werdet ihr auf Situationen stoßen, in denen sie nicht passen.

Habt ihr die Regel, dass bestimmte Sexstellungen für euch als Paar reserviert sind, wird euer heißes Date natürlich schnurstracks darauf hinauslaufen. Ihr wollt es, euer Gegenüber will es. Aber ihr müsst sagen »Sorry, ich hätte voll Bock, aber das ist für XY reserviert«. Geht, aber ist halt irgendwie doof.

Und sind nicht die Regeln am schlimmsten, die langfristige Beziehungen von vornherein unterbinden? »Nur One-Night-Stands, niemals jemanden mehrfach sehen« ist so ein Klassiker. Oder: »Nur Sex, keine Gefühle!« Dahinter stehen Eifersucht und die Angst, eine weitere Beziehung könnte eurer Liebe etwas wegnehmen. Am Ende führt es dazu, nicht echt mit anderen sein zu dürfen und oberflächlich bleiben zu müssen. Und wie frustrierend ist es, wenn man einen großartigen Menschen kennenlernt, viel lacht und tollen Sex hat, aber ihn nie wieder sehen darf? Was, wenn ihr dadurch eine wertvolle, lebenslange Freundschaft verpasst, die vielleicht ab und zu Sex beinhaltet, aber vor allem schön und intensiv und lustig und tiefgehend ist? Was, wenn ihr schon beim ersten Date Schmetterlinge im Bauch habt, euch aber zwingen müsst, sie zu ignorieren? Produziert das nicht am Ende Frust, den wir schlimmstenfalls auf unser Gegenüber projizieren, das diese Regel so wollte?

Was man brechen kann, wird auch gebrochen!

Jede Regel ist eine Sollbruchstelle. Im Grunde ist die Monogamie auch nichts anderes als eine Regel: Weder Sex noch intime Gefühle für andere, lautet sie. Wer fremdgeht, bricht diese Regel. Wenn ihr diese eine Regel durch mehrere neue ersetzt (Sex ist erlaubt, aber nur ein Mal treffen, keine Gefühle, nur Sonntagnachmittag und dies und das ist tabu), dann bringt euch das nicht weiter. Im Gegenteil: Ihr habt mehr Dinge, auf die ihr achten müsst und mit denen ihr potenziell euerem Lieblingsmenschen gegenüber unehrlich sein könnt. Je kleinteiliger die Regeln sind und je nebensächlicher die geregelten Themen werden, desto höher ist die Wahrscheinlichkeit, dass man den Bruch einer Regel auch einmal zu erwähnen »vergisst«.

Und was, wenn eine Regel nicht zu 100 Prozent zutrifft? Hat man schon Gefühle für eine Person, wenn man zwischendurch an sie denkt? Wenn einem dabei warm ums Herz wird? Wenn man sich auf das nächste Treffen freut? Vieles lässt sich in Beziehungen nicht in enge Schemata fassen. Wer es trotzdem versucht, tut der Beziehung meist keinen Gefallen.

Wir beide hatten bereits Sex mit anderen Menschen, die krasse Regeln einhalten mussten und mit denen es deshalb nicht mehr weiterging. Denn diese Regeln passten für uns nicht. Zu Beginn unserer Beziehungsöffnung hatte Nick ein Date mit einer Frau, bei der nur Oralverkehr erlaubt war – noch nicht einmal »Handarbeit«. Ein Freund von uns hatte neulich mit einer Frau Sex, die er dabei (und auch sonst) nicht küssen durfte. Natürlich hat das immer etwas mit persönlichen Grenzen und Vorlieben zu tun und jede:r hat das Recht, für die Einhaltung des eigenen Raums zu sorgen. Aber sobald etwas von außen als Regel installiert wird, kann es schwierig werden.

Ein Paar, mit dem wir uns gemeinsam drei Mal getroffen haben, hatte so viele Regeln ausgemacht, dass am Ende nie etwas zwischen uns gelaufen ist. Wir hatten ständig Angst, eine ihrer Grenzen zu überschreiten, obwohl das Potenzial zwischen uns groß gewesen wäre.

Entwickelt ein neues Mindset!

Mit Regeln wollt ihr einander Halt geben, aber sie machen euch vor allem unflexibel und euer Miteinander starr. Sie sind Leitplanken und sollen euch helfen, am Ziel anzukommen. Sie verhindern allerdings gleichzeitig, auch das Schöne genießen zu können, das jenseits des geplanten Weges liegt.

Was, wenn der Umweg viel zauberhafter ist? Die Abkürzung viel aufregender? Und der Blick von da drüben jenseits der Leitplanke viel verlockender?

Was wäre, wenn ihr die Leitplanken weglasst, etwas langsamer fahrt und dafür die Strecke zusammen genießt? Was wäre, wenn ihr euch Sicherheit gebt, indem ihr euch und euer Ziel im Blick behaltet, statt nur auf die Leitplanken zu starren? Was, wenn ihr so flexibel sein könnt, dass ihr euch an einer Weggabelung anders entscheidet als geplant und gemeinsam den schöneren Weg genießt, anstatt geradeaus durch den Tunnel zu jagen?

Am Ende wollen wir doch beides erreichen, wenn wir reisen: am Ziel ankommen und eine schöne Reise haben. Wenn es euer Ziel ist, eine glückliche, offene Beziehung zu leben, schöne Begegnungen und viel Spaß mit anderen Menschen zu haben und euch dabei noch mehr zu lieben als jetzt schon, macht es dann die Reise dahin besonders schön, wenn ihr euch durch eure Regeln immer auf das konzentriert, was nicht geht? Wenn ihr die Reise unflexibel macht und nur durch den Tunnel jagt, weil ihr euch gegenseitig durch eure Verbote einschränkt? Und wenn ihr, statt Sorge zu haben, dass die monogame Regel »kein Sex und keine Gefühle« gebrochen wird, nun Sorge haben müsst, dass fünf Regeln gebrochen werden?

Vermutlich nicht. Aber was ist die Alternative?

Schritt 7: Begegnet euch an eurem Lagerfeuer!

Der goldene Weg, Sicherheit zu geben und die Reise gleichzeitig genießen zu können, ist für uns der Lagerfeuer-Weg. Damit meinen wir keinen konkreten Ort, wir meinen im übertragenen Sinne: Habt Abenteuer, geht eure Wege, aber kommt immer wieder zusammen wie an einem Lagerfeuer, um das sich Menschen versammeln, an dem sie kuscheln, sich ansehen und miteinander reden.

Das kann tatsächlich ein bestimmter Platz bei euch zu Hause oder irgendwo draußen sein, der für euch etwas Besonderes ist. Das können aber auch bewusste Gespräche im Bett, beim Laufen, beim gemeinsamen Abwasch oder da sein, wo es gerade für euch stimmig ist. Das müsst ihr festlegen. Es kann auch eine Mischung zwischen Zeiten, in denen ihr euch bewusst zusammensetzt, und laufenden Gesprächen im Alltag sein. Schaut, was zu euch passt!

Wichtig ist: Trefft euch nicht nur, sondern begegnet euch! Nehmt euch gegenseitig wahr, tauscht euch aus, erzählt euch von euren Freuden und Schmerzen auf eurem Weg. Seid ehrlich! Macht euch splitterfasernackt.

Das könnt ihr am Lagerfeuer tun:

Definiert eine gemeinsame Haltung!

Statt euch Regeln zu geben, definiert eure Haltung, mit der ihr die ersten Schritte hin zur offenen Beziehung gehen wollt. Im Gegensatz zu einer Regel ist eine Haltung lebendig. Sie kommt aus eurem Innersten. Ihr müsst sie nicht befolgen, sondern ihr wollt sie umsetzen. Sie legt nicht fest, was ihr nicht dürft, sondern sie legt fest, was ihr möchtet. Haltungen sind keine Leitplanken, die euch brutal aufhalten, wenn ihr von der Straße abkommt. Sie sind euer Wille, auf dem Weg zu bleiben und eure Überzeugung, dass es dort gut ist.

Eure Haltung schränkt euch nicht ein, sondern sie lockt euch immer wieder dahin zurück, wo ihr eigentlich hinwollt. Haltungen sind kraftvoll, aber nicht absolut. Ihr könnt sie unterschiedlich leben und ihnen dennoch treu sein. Wenn ihr zu schnell in die Kurve geht, dann kann euch auch eure Haltung nicht auf dem Weg halten. Dann macht ihr vielleicht einen Fehler. Aber während etwas ordentlich kaputtgehen kann, wenn ihr gegen die Leitplanke kracht, zieht euch eure Haltung immer wieder zurück auf die richtige Spur.

Haltungen sind stärker als Regeln. Ihr könnt sie nicht übertreten und sie sind schwer zu brechen. Sie bringen euch dazu mitzudenken, statt nur stumpf Gesetze einzuhalten. Wenn ihr eine Haltung zu einem Thema habt, dann wisst ihr auch, warum. Und deshalb wollt ihr, statt zu müssen.

Setzt euch also zusammen und überlegt, mit welcher Haltung ihr eure Beziehung öffnen wollt. Liebe könnte so eine Haltung sein, Respekt für eure Bedürfnisse, absolute Freiheit für euch als Individuen, absolute Ehrlichkeit zwischen euch oder auch »Safety first«. Formuliert eure Haltungen positiv und überlegt, ob und wie sie für euch erreichbar sind. Sprecht darüber, was diese Haltungen konkret in der Begegnung mit anderen bedeuten könnten. Und widersteht der Versuchung, daraus wieder Regeln abzuleiten.

Auf Regeln zu verzichten und stattdessen mit einer bestimmten Haltung in eine Situation zu gehen, – dazu gehört Vertrauen! Vertraut eurem Gegenüber, dass es eure gemeinsame Haltung angemessen umsetzt. Vielleicht wird das nicht immer der Weg sein, den ihr selbst gewählt hättet. Aber das darf sein. Es kommt auf das Ergebnis an.

Legt eure persönlichen Grenzen fest!

Freilich gibt es Aspekte, die für euch unverrückbar sind. Sie betreffen eure persönliche körperliche und seelische Integrität. Selbstverständlich habt ihr eure Grenzen, was jemand mit eurem Körper machen darf. Niemand hat das Recht, euch zu irgendetwas zu zwingen oder auch nur zu überreden. Das gilt aber durchaus auch indirekt: Wenn ihr beispielsweise als Paar ohne Kondom miteinander schlaft, dann würde es durchaus eure körperliche Integrität verletzen, wenn sich euer Lieblingsmensch eine Geschlechtskrankheit einfängt und diese an euch weitergibt.

Auch euer Geist und eure Seele haben Grenzen: Vielleicht liebt ihr es, eure:n Partner:in beim Sex mit anderen zu beobachten, vielleicht aber triggert schon ein Begrüßungsknutscher unschöne Gefühle in euch. Es kann sinnvoll sein und euch stärker machen, auch einmal die eigene Komfortzone zu verlassen und euch Situationen auszusetzen, vor denen ihr Angst habt. Aber das ist nicht mit Grenzüberschreitungen zu verwechseln. Achtet also sehr genau auf eure Gefühle und Grenzen und nehmt sie ernst. Und vertraut sie einander an, damit auch euer Gegenüber in der Lage ist, eure Grenzen zu wahren und auf sie zu achten.

Verwechselt auf der anderen Seite nicht eure Grenzen mit Kontrollverlangen. Eure Grenzen sind immer nur eure eigenen. Ihr könnt nicht sagen: »Dass du mit jemand anderem dies oder das praktizierst, verletzt meine Grenzen.« Überlegt stattdessen zusammen, warum ihr euch damit unwohl fühlt und was eigentlich dahintersteckt. Ist es Angst? Ekel? Was ist eure wahre Grenze? Und wie könntet ihr zusammen dafür sorgen, dass diese gewahrt bleibt?

Seit Nick und Leemchen zum zweiten Mal zusammen sind und es sehr intensiv zwischen ihnen wurde, hatte Sarah zunächst das Gefühl, sie müsse ganz vehement auf ihre Grenzen achten. Denn beim ersten Zusammensein der beiden war es ihr schwergefallen, ihre eigenen Grenzen zu wahren. Sie hatte oft bei Problemen zwischen den beiden vermittelt und dabei zu wenig auf sich selbst gesehen. Und manches Verhalten der beiden tat ihr sogar weh. Doch sie wollte, dass es den beiden gut ging. Und so blieb sie oft genug trotzdem still. Das war zwar mitfühlend und selbstlos, aber keine gute Balance zwischen ihren und Nicks Bedürfnissen. Nun wollte sie das besser machen – und fiel erst mal auf der anderen Seite vom Pferd. Sie brauche eine Weile, um zu lernen, dass

Grenzen auch fluide sind und sich mit der Zeit erweitern (oder verengen) dürfen.

Von euren Grenzen könnt ihr auch Vereinbarungen ableiten. Zum Beispiel, dass ihr dafür sorgt, dass der Sex mit anderen sicher sein soll, sowohl was sexuell übertragbare Krankheiten angeht als auch was Schwangerschaften angeht. Vielleicht seid ihr euch einig darin, wie ihr das umsetzt. Vielleicht präferiert ihr unterschiedliche Wege. Redet darüber und schaut, wie ihr eure gemeinsame Haltung umgesetzt bekommt.

Pflegt eure Gesprächskultur!

Und dann geht es los! Sammelt erste Erfahrungen. Haltet euch auf dem Laufenden und erzählt euch – je nach Maß, dass ihr festgelegt habt –, auf wen ihr ein Auge geworfen habt, was ihr plant und wie Begegnungen verlaufen sind. Vor allem: Erzählt euch immer wieder, wie es zwischen euch steht. Gebt euch gegenseitig Sicherheit, indem ihr einander immer wieder versichert, was ihr füreinander bedeutet.

Wenn ihr so wie wir absolute Transparenz vereinbart habt, dann seid achtsam, wie ihr etwas erzählt, aber habt den Mut, nichts zu beschönigen. Lacht zusammen über eure Fails, tröstet euch gegenseitig, wenn etwas nicht so läuft wie erhofft, freut euch zusammen über den geilen Sex, den ihr mit anderen habt, oder über die zauberhaft-romantische Begegnung unterm Sternenzelt.

Seid gleichzeitig den anderen Beteiligten gegenüber transparent. Wenn ihr jemanden datet, sollte die Person auch Bescheid wissen, was ihr alles mit euren festen Partner:innen teilt. Dann kann die Person entscheiden, was sie sagt und etwa sagen: »Kannst du das bitte für dich behalten? Das ist mir peinlich« Das könnt ihr eurem Lieblingsmenschen ebenso transparent mitteilen. Jeder Mensch hat das Recht auf Privatsphäre.

Das gelingt euch nur, wenn ihr auf eine gute Weise miteinander im Gespräch seid. Im Kapitel IV haben wir viel über gute Kommunikation geschrieben. Wenn ihr diese Grundsätze in euren Gesprächen einhaltet, dann werdet ihr merken, wie ihr den Weg zusammen genießen könnt und eure Angst verliert.

Seid gnädig miteinander!

Es werden immer wieder Situationen auftauchen, in denen ihr merkt, dass etwas anders läuft als ihr wolltet oder sogar gemeinsam vereinbart habt. Ihr seid Menschen, euch werden Fehler passieren. Niemand will Roboter daten. Gut, wenn ihr keine festen Regeln vereinbart habt, deren Übertretung ihr beichten müsst. Aber es kann trotzdem sein, dass ihr euch bei einem Date oder in der Entwicklung einer Beziehung nicht so verhalten habt, wie es eurer gemeinsamen Haltung entspricht.

Deshalb ist es wichtig, dass eure Lagerfeuergespräche mit einer fehlertoleranten Haltung stattfinden. Fehler werden passieren – wichtig ist, wie ihr damit umgeht. Fehlertoleranz heißt nicht, dass es egal ist, was ihr macht. Sie bedeutet, dass euer Miteinander den Raum bietet, Fehler ohne Angst zuzugeben und ihr gemeinsam besprecht, wie ihr mit diesem Fehler umgeht und ihn in Zukunft vermeidet.

Denkt immer dran: Nicht nur euer Lieblingsmensch ist unperfekt, auch ihr könnt Fehler machen. Mit dieser Haltung werdet ihr jeden Fehler überstehen.

Schritt 8: Macht es euch nicht (nur) selbst!

So persönlich die Themen rund um Sex und Beziehung auch sind und so wichtig das Gespräch zwischen euch beiden auch ist: Wenn ihr alles nur unter euch ausmacht, kann es leicht passieren, dass sich euer Denken am Ende auch nur um euch selbst dreht. So gut wir euch hoffentlich mit diesem Buch auf eine Öffnung vorbereitet haben, werdet ihr bestimmt einmal bei der einen oder anderen Frage ins Stocken oder sogar in eine Sackgasse geraten, aus der ihr allein nicht herauskommt.

Deshalb legen wir euch ans Herz, all das nicht nur mit euch selbst auszumachen. Sprecht mit Freund:innen darüber, aber auch mit den neuen Menschen, mit denen ihr in Beziehung tretet. Denn auch sie haben ihre Fragen und Unsicherheiten.

Am besten holt ihr euch Rat bei Menschen, die schon Erfahrung mit alternativen Beziehungsformen haben. Ihr könnt von ihren Erfahrungen profitieren. Vielleicht kennt ihr entsprechende Leute aus eurem Freund:innen-Kreis. Auch in sozialen Netzwerken gibt es diverse Gruppen. Oder ihr lasst euch von erfahrenen Beziehungscoaches begleiten, entweder individuell (was aber seinen Preis hat) oder in Gruppenkursen. Dort reflektiert ihr mit mehreren Paaren und Coaches gemeinsam die eigene Beziehung, lernt von den Coaches und Vorerfahrungen der anderen, bereitet die ersten Schritte vor und habt dann bei den ersten Erfahrungen Ansprechpartner:innen, die helfen (oder mitfeiern).

Egal, wofür ihr euch entscheidet: Wenn ihr den Weg nicht allein geht, wird er sich noch sicherer anfühlen.

Schritt 9: Habt Spaß!

Ja, die Öffnung der Beziehung ist ein Abenteuer! Und Abenteuer sind dafür da, euer Leben zu bereichern. Oder nicht? Sollte es nicht bei allem, was wir tun, letztendlich darum gehen, ein gutes Leben zu führen und den Menschen in unserem Umfeld dasselbe zu ermöglichen?

Genau das haben alternative Beziehungsformen im Blick. Wir wollen gesunde, lust- und liebevolle Beziehungen zu anderen Menschen knüpfen, in denen wir als Persönlichkeiten wachsen und die uns erlauben, die beste Version unserer selbst zu werden. Und wir wollen diese Freiheit auch unseren Liebsten geben.

Bei aller Ernsthaftigkeit eurer Gespräche, bei aller Aufregung vor ersten Dates, bei allem zu erwartenden emotionalen Auf und Ab und bei aller Kommunikationsarbeit, die auf euch wartet: Wir wünschen euch, dass ihr die Öffnung eurer Beziehung, die neue Freiheit, die neuen Erfahrungen und die neue Tiefe in eurer Beziehung mit ganzem Herzen genießt! Teilt eure Freude, lacht zusammen, erlebt Gefühle wieder, die ihr vielleicht schon lange nicht mehr erlebt habt. Und seid dankbar füreinander – auch dafür, dass ihr diesen Weg gemeinsam geht.

Behaltet das Ziel im Blick und genießt die Reise! Verliebt euch in den Prozess, in die Höhen und Tiefen. Geht die Wege gemeinsam, haltet euch an der Hand und behaltet euch immer im Blick!

Wenn ihr in ein paar Jahren zurückblickt, dann wünschen wir euch, dass ihr das glücklich und zufrieden tut. Als Menschen, die in ihren Persönlichkeiten gewachsen sind, noch selbstbewusster geworden sind und tolle Beziehungen mit tollen Menschen führen. Tiefe wie lockere, aber immer gute. Wir wünschen euch, dass ihr um viele Erfahrungen reicher seid, viel gelernt habt und viel liebt. Und dass ihr sagen könnt: Anders können wir uns Leben und Lieben nicht mehr vorstellen als ehrlich, leidenschaftlich, reflektiert und offen – in jeder Beziehung.

AFTERCARE

Ein Buch über unseren Lebensentwurf und über all das, was uns auf unserer Polyreise begegnet ist, zu schreiben, ist ein langgehegter Traum.

Dieser Traum wäre bestimmt bis heute einer geblieben, wenn nicht das wunderbare Schicksal um die Ecke gelugt hätte. Durch unseren Podcast und eine besondere Poly-Liebesgeschichte bist du, Rolf, uns über den Weg gelaufen und wurdest der Co-Autor dieses Buches. Ziemlich schnell konnten wir gemeinsam eine Idee kreieren, wie wir unseren Buchtraum mit deiner Unterstützung umsetzen konnten. An einem sommerlichen Wochenende im letzten Jahr setzten wir dafür mit dir und deiner Poly-Partnerin auf unserem Balkon den ersten Meilenstein. Mit dem dort entstandenen Buchexposé schafften wir es schnell, einen tollen Verlag zu finden.

Wir kannten uns erst kurz, doch wir hatten sofort das Gefühl, dass du in unseren Köpfen bist, du unsere Lebenshaltung, unsere Werte, Gedanken und Gefühle schon ewig kennst und fühlst – und sie deshalb so wunderbar in Worte fassen konntest. Dadurch konnten wir stets miteinander auf Augenhöhe, entspannt und mit viel Humor, Vertrauen und Einigkeit arbeiten. Du hast immer an uns und unsere Idee geglaubt und uns das neue und unbekannte Terrain der Buchwelt aufgezeigt. Ohne dich würden wir heute noch träumen.

Doch für dieses Buch hätten wir kaum Seiten zusammenbringen können, wenn uns die letzten Jahre nicht all unsere Polymenschen und Freund:innen begleitet hätten:

Liebe Polyfamilie (IKEA-Anna und IKEA-Peter), ihr steht immer hinter uns, supportet uns von Tag eins an, steht alle Höhen und Tiefen unseres Polylebens mit uns durch, trocknet Tränen bei Liebeskummer und seid bei allen wichtigen Ereignissen in unserem Leben mit dabei. Ihr seid unsere Familie, egal, welche Euphorie oder welches Unwetter um uns tobt.

Aber auch ihr, die weiteren Polymenschen, wie du, Kinky-Anna, ihr, »die Parkbank«, und du, Leemchen – ihr seid ein großer Teil unseres Herzens und gebt uns das wichtige Vertrauen in uns und unser Lebens- und Liebeskonzept. Ihr seid mit uns gewachsen und wir an euch.

Danke an die Schwimm-Mädels und Abi-Mädels, ihr habt Sarah in jungen Jahren gezeigt, was Freundschaft und tiefes Vertrauen ist und sie immer so geliebt, wie sie ist. Bis heute steht ihr an ihrer Seite und hinter ihr. Ihr seid Sarahs Anker in jeglicher Lebenslage. Ohne euch hätte sie niemals ihr Selbstbewusstsein und ihren Wert so früh festigen können.

Um das ganze Polyleben herum wart ihr immer da, unsere monogamen Freund:innen, Nicks alter Schulfreund, unsere Bergedorfer, unsere ganze Clique um Sarahs Cousine herum, die queeren Freund:innen und die besonderen Menschen, die wir durchs Sarahs alten Job fest in unser Leben geschlossen haben. Ihr alle teilt verschiedene Bereiche unseres Alltags. Von wilden Partys bis zu tiefen emotionalen Gesprächen durch die ganze Nacht. Ihr habt immer ein Ohr für uns, ihr fühlt euch ein in unser Polyleben, stellt kritische Fragen, aber ihr stellt uns als Menschen niemals infrage.

Zudem geht ein großer Dank an unsere Familien: Sarahs Mutter, Bruder, Schwägerin und Cousine. Mit unserem Beziehungskonzept haben wir viele heteronormative Vorstellungen gebrochen, doch das war bei euch niemals Thema. Bei euch sind wir immer Sarah und Nick geblieben, ihr zeigt stets großes Interesse an den neuen Polymenschen in unserem Leben und gebt uns das Gefühl, dass alles genau so sein darf. Und auch bei Nicks Eltern, seinem Bruder und seiner Schwägerin wurden wir nie für das, was und wie wir leben, infrage gestellt. Wir danken euch allen sehr dafür.

Natürlich haben uns auf unserem Weg viele Menschen auch nur auf Teilstrecken begleitet. Menschen, mit denen wir für eine temporäre Zeit Intimität, Gefühle und auch Liebesbeziehungen hatten. Aus verschiedenen Gründen sind diese Menschen nicht mehr in unserem Alltag. Trotzdem sind wir jeder Person dankbar, denn durch euch sind wir gewachsen und durften von euch sehr viel lernen.

Zu guter Letzt geht unser Dank an den Goldegg Verlag. Ihr habt uns von Beginn an das Gefühl gegeben, dass ihr mit uns zusammenarbeiten wollt und an unsere Idee glaubt. Wir danken euch für die Chance und das Vertrauen.

Sonnige Grüße aus Hamburg
Sarah & Nick

QUELLENVERZEICHNIS

Chapman, G. (2015): Die fünf Sprachen der Liebe. Wie Kommunikation in der Partnerschaft gelingt, Francke-Verlag

Göth, M.; Kohn, R., (2014): Sexuelle Orientierung in Psychotherapie und Beratung, Springer Verlag

Osterloh, M.; Weibel, A. (2006): Investition Vertrauen. Prozesse der Vertrauensentwicklung in Organisationen, Gabler Verlag

Rosenberg, M. B. (2016): Gewaltfreie Kommunikation, Junfermann Verlag

Sielert, U.; Schmidt, R. (2008): Handbuch Sexualpädagogik und sexuelle Bildung, Juventa Verlag

Steinitz, S. M. (2018): Sex nur bei ausdrücklicher Zustimmung? Ja, was denn sonst? https://www.stern.de/panorama/sylvia-margret-steinitz/schweden--sex-soll-nur-noch-mit-ausdruecklicher-zustimmung-legal-sein-7993810.html

Allena Gabosch: https://allenagabosch.wordpress.com

Liebesleben: https://www.liebesleben.de

Queerspiegel: https://www.tagesspiegel.de/gesellschaft/queerspiegel/was-bedeutet-eigentlich-das-queer-lexikon/11827704.html

Queerulantin: http://www.queerulantin.de

Queerlexikon: https://queer-lexikon.net

Regenbogenportal: https://www.regenbogenportal.de

Sacribas Blog: http://www.sacribas-blog.org